HEYNE <

3,50

OSHO

Reife

Sei, was du bist

Aus dem Englischen
übertragen von Renate Schilling

WILHELM HEYNE VERLAG
MÜNCHEN

HEYNE ESOTERISCHES WISSEN

Herausgegeben von Michael Görden
13/9935

Die Originalausgabe erschien unter dem Titel
MATURITY – The Responsibility of Being Oneself
im Verlag St. Martin's Griffin, New York

Sämtliche ausgewählten Texte von Osho stammen aus spontan gehaltenen Vorträgen, die überwiegend in Englisch, aber auch in Hindi gehalten, auf Tonband aufgezeichnet und in Schriftform übertragen wurden.

Umwelthinweis:
Dieses Buch wurde auf
chlor- und säurefreiem Papier gedruckt.

Deutsche Erstausgabe 03/2003

Der Wilhelm Heyne Verlag ist ein Unternehmen
der Ullstein Heyne List GmbH & Co. KG
www.heyne.de
Printed in Germany 2003
Umschlaggestaltung: FranklDesign, München
Umschlagillustration: Osho International Foundation
Satz: Fotosatz Völkl, Türkenfeld
Druck und Bindung: Ebner & Spiegel, Ulm

ISBN 3-453-86460-3

INHALT

Vorwort

Die Kunst des Lebens

Der Mensch ist dazu geboren, das Leben zu meistern, doch es hängt ausschließlich von ihm selbst ab. Er kann es auch verfehlen. Er kann atmen, essen, alt werden, sich in Richtung Grab bewegen – aber das ist nicht Leben, das ist ein allmählicher Tod. Von der Wiege bis zur Bahre … ein siebzig Jahre währender allmählicher Tod. Und weil Millionen von Menschen um dich herum diesen allmählichen, langsamen Tod sterben, fängst du an, es ihnen gleichzutun. Kinder lernen alles von den Menschen um sie herum, und wir sind von Toten umgeben.

Zuerst müsst ihr also verstehen, was ich mit »Leben« meine. Es geht nicht darum, einfach nur alt zu werden, es geht darum, reif zu werden. Und das sind zwei unterschiedliche Dinge.

Jedes Tier kann alt werden. Reif zu werden ist das Vorrecht des Menschen. Doch nur wenige Menschen nehmen dieses Recht in Anspruch.

Reif zu werden bedeutet, jeden Augenblick tiefer in das Prinzip des Lebens einzudringen; es bedeutet, sich immer weiter vom Tod wegzubewegen – und nicht auf den Tod zu. Je tiefer du ins Leben eindringst, desto mehr erkennst du die Unsterblichkeit in dir. Du bewegst dich weg vom Tod und es kommt ein Moment, in dem du erkennst, dass der Tod nichts anderes ist als ein Wechseln der Kleider, ein Wechseln des Wohnorts, ein Verändern der Form – nichts stirbt, nichts *kann* sterben.

Der Tod ist die größte Illusion auf Erden.

Beobachte einen Baum, um zu erkennen, was es bedeutet, reif zu werden. Wenn der Baum nach oben wächst, wachsen seine Wurzeln nach unten, immer tiefer. Es herrscht ein Gleichgewicht – je höher der Baum wächst, desto tiefer reichen die Wurzeln. Ein Baum kann keine fünfzig Meter hoch wachsen, wenn er nur flache Wurzeln hat; sie könnten solch einen hohen Baum nicht verankern.

Beim Menschen bedeutet Reife, tief nach innen zu wachsen – denn dort sind seine Wurzeln.

Für mich ist das erste Prinzip des Lebens Meditation. Alles andere kommt danach. Und die Kindheit ist die beste Zeit dafür. Wenn du älter wirst, bedeutet das, dass du dem Tod immer näher kommst und es immer schwieriger wird, dich in Meditation zu versenken.

Meditation bedeutet, in deine Unsterblichkeit zu gehen, in deine Ewigkeit, in deine Göttlichkeit. Und das Kind ist dafür am besten ausgerüstet, weil es noch vollkommen unbelastet ist von Wissen, von Religion, von Erziehung, von all diesem Schrott. Es ist unschuldig.

❧

Reife bedeutet dasselbe wie Unschuld, nur mit einem Unterschied: Sie ist wiedergewonnene Unschuld, zurückeroberte Unschuld.

❧

Doch leider wird die Unschuld des Kindes als Unwissenheit verdammt. Unwissenheit und Unschuld besitzen eine gewisse Ähnlichkeit, doch sie sind nicht identisch. Unwissenheit ist ein Zustand des Nichtwissens, ebenso wie Unschuld – doch es gibt da einen großen Unterschied, der bisher von der gesamten Menschheit übersehen wurde. Unschuld ist unwissend, doch sie hat auch kein Verlangen danach, zu wissen. Sie ist vollkommen zufrieden und erfüllt.

Ein kleines Kind hat keine Ambitionen, es hat keine ehrgeizigen Wünsche. Es ist völlig erfüllt vom Augenblick –

ein Vogel im Flug nimmt seine ganze Aufmerksamkeit gefangen; ein Schmetterling mit seinen leuchtenden Farben verzaubert es; ein Regenbogen erscheint am Himmel, und es kann sich nichts Bedeutenderes und Großartigeres als diesen Regenbogen vorstellen. Und erst die Nacht mit ihren Sternen, Sternen über Sternen …

Unschuld ist reich, ist voll, ist rein.

Unwissenheit ist arm, ist ein Bettler – sie will dies, sie will das, sie will wissen, sie will respektiert werden, sie will reich sein, sie will mächtig sein. Unwissenheit bewegt sich auf dem Pfad der Begierde. Unschuld ist ein Zustand der Begierdelosigkeit. Doch weil beides durch Nichtwissen charakterisiert ist, waren sich die Menschen nie wirklich klar über die wahre Natur dieser beiden Zustände. Sie haben ganz selbstverständlich angenommen, dass sie identisch seien.

Reife ist eine Wiedergeburt, eine spirituelle Geburt. Du wirst neu geboren, du bist wieder ein Kind. Mit neuen Augen beginnst du die Existenz zu betrachten. Mit Liebe im Herzen näherst du dich dem Leben. Mit Stille und Unschuld dringst du zu deinem innersten Kern vor.

Der erste Schritt in der Kunst des Lebens besteht also darin, den Unterschied zwischen Unwissenheit und Unschuld zu erkennen. Unschuld muss unterstützt und beschützt werden – denn das Kind hat einen großen Schatz mit sich gebracht, einen Schatz, den selbst die Weisen nur nach größten Anstrengungen finden. Die Weisen sagen, dass sie wieder zu Kindern werden, dass sie wieder geboren werden. In Indien haben sich die wahren Brahmanen, die wahren Wissenden, immer *dwij* genannt, »Zweimalgeborene«. Warum zweimal geboren? Was ist mit der ersten

Geburt passiert? Warum braucht es eine zweite Geburt? Und was gewinnt man durch die zweite Geburt?

Durch die zweite Geburt gewinnt man, was einem auch schon bei der ersten Geburt zur Verfügung stand, was aber die Gesellschaft, die Eltern, die Menschen rundherum unterdrückten, zerstörten. Jedes Kind wird mit Wissen voll gestopft. Seine Einfachheit muss ihm irgendwie genommen werden, denn Einfachheit wird ihm in dieser Welt voller Konkurrenz nicht helfen. In seiner Einfachheit wird es der Welt wie ein Einfaltspinsel erscheinen; seine Unschuld wird in jeder nur möglichen Art und Weise ausgebeutet werden. Aus Angst vor der Gesellschaft, aus Angst vor der Welt, die wir selbst erschaffen haben, versuchen wir, jedes Kind klug, schlau, wissend zu machen – damit es zur Kategorie der Mächtigen gehört und nicht zur Kategorie der Unterdrückten und Machtlosen.

Und wenn sich das Kind erst einmal in die falsche Richtung zu entwickeln beginnt, wird es sich weiter in diese Richtung bewegen – sein ganzes Leben bewegt sich nun in diese Richtung.

Sobald du erkennst, dass du das Leben verfehlt hast, ist das erste Prinzip, das du dir zurückholen musst, die Unschuld. Vergiss dein Wissen, vergiss deine Schriften, vergiss deine Religionen, deine Theologien, deine Philosophien. Werde neu geboren, werde unschuldig – es liegt allein in deiner Hand. Reinige deinen Verstand von allem, was du nicht wirklich weißt, was geborgt ist, was aus der Tradition kommt, aus der Konvention. Alles, was dir von anderen gegeben wurde – von Eltern, Lehrern, Universitäten –, mach dich frei davon. Sei wieder einfach, sei wieder ein Kind. Und dieses Wunder wird möglich durch Meditation.

Meditation ist einfach eine besondere chirurgische Methode, die alles wegschneidet, was nicht zu dir gehört, und nur das übrig lässt, was dein authentisches Wesen ausmacht. Sie verbrennt alles andere und lässt dich nackt zurück, allein der Sonne und dem Wind ausgesetzt. Es ist, als wärst du der erste Mensch, der auf die Erde kam – er weiß nichts, er muss alles erst entdecken, er muss ein Suchender werden, er muss auf eine Pilgerreise gehen.

❧

Jedes Tier kann alt werden. Reif zu werden ist das Vorrecht des Menschen. Doch nur wenige Menschen nehmen dieses Recht in Anspruch.

❧

Das zweite Prinzip ist die Pilgerreise. Das Leben muss ein Suchen sein – nicht ein Verlangen, sondern eine Suche; nicht ein Ehrgeiz, dieses oder jenes zu werden, der Präsident eines Landes oder der Premierminister, sondern eine Suche, um herauszufinden: »Wer bin ich?«

Es ist schon seltsam, dass Menschen, die nicht wissen, wer sie sind, versuchen, jemand zu werden. Sie wissen nicht einmal, wer sie jetzt im Moment sind, sie kennen ihr eigenes Sein nicht – doch sie haben ein Ziel, was sie werden wollen.

Etwas werden wollen ist eine Krankheit der Seele. Das Sein ist das, was dich ausmacht.

Dein Sein zu entdecken ist der Anfang des Lebens. Dann bringt jeder Augenblick eine neue Entdeckung, jeder Augenblick bringt eine neue Freude. Ein neues Mysterium öffnet seine Tore, eine neue Liebe erwacht in dir, ein neues Mitgefühl, das du niemals zuvor verspürt hast, eine neue Empfindsamkeit für Schönheit, für Güte. Du wirst so empfindsam, dass selbst der kleinste Grashalm eine enorme Bedeutung für dich gewinnt. Deine Empfindsamkeit zeigt dir ganz klar, dass dieser kleine Grashalm für die

Existenz ebenso wichtig ist wie der größte Stern; ohne diesen Grashalm wäre die Existenz weniger, als sie ist. Dieser kleine Grashalm ist einzigartig, ist unersetzlich, besitzt seine eigene Individualität.

Und diese Empfindsamkeit wird dir neue Freundschaften verschaffen – Freundschaften mit Bäumen, mit Vögeln, mit Tieren, mit Bergen, mit Flüssen, mit Meeren, mit Sternen. Das Leben wird reicher, wenn die Liebe zunimmt, wenn die Freundlichkeit zunimmt.

Es gibt eine wunderbare Episode im Leben des heiligen Franziskus, die sich ereignete, als er im Sterben lag. Er war immer auf einem Esel von Ort zu Ort gezogen, um anderen seine Erfahrungen zu vermitteln. Nun sind alle seine Schüler um ihn versammelt, um seinen letzten Worten zu lauschen. Die letzten Worte eines Mannes sind immer die wichtigsten, die er jemals gesprochen hat, denn sie enthalten die gesamte Erfahrung seines Lebens.

Doch die Schüler konnten kaum glauben, was sie da hörten …

Der heilige Franziskus sprach nicht zu seinen Schülern, sondern zu dem Esel. Er sagte: »Bruder, ich stehe tief in deiner Schuld. Du hast mich von einem Ort zum anderen getragen, ohne dich jemals zu beklagen, ohne jemals zu murren. Bevor ich diese Welt verlasse, möchte ich nur noch um deine Vergebung bitten; ich war nicht freundlich zu dir.« Das waren die letzten Worte des heiligen Franziskus. Welch außerordentliche Empfindsamkeit, zum Esel zu sagen: »Bruder Esel …«, und ihn um Vergebung zu bitten.

Je empfindsamer du wirst, desto größer wird das Leben. Es ist kein kleiner Teich mehr; es wird zum Meer. Es ist nicht mehr auf dich und deine Frau und deine Kinder beschränkt – es ist überhaupt nicht mehr beschränkt. Die ganze Existenz wird zu deiner Familie. Und solange nicht die ganze Existenz zu deiner Familie geworden ist, weißt du nicht, was das Leben ist – denn niemand ist eine Insel, wir sind alle miteinander verbunden.

Wir sind ein unendlich großer Kontinent, millionenfach verbunden.

Und wenn dein Herz nicht voller Liebe für das Ganze ist, ist dein Leben im selben Maße begrenzt.

Meditation schenkt dir Empfindsamkeit, das starke Gefühl, zu dieser Welt zu gehören. Es ist unsere Welt – die Sterne gehören uns, wir sind keine Fremden hier. Wir gehören zutiefst zu dieser Existenz. Wir sind ein Teil von ihr, wir sind ihr *Herz*.

❧

Das Leben muss ein Suchen sein – nicht ein Verlangen, sondern eine Suche; nicht ein Ehrgeiz, dieses oder jenes zu werden, der Präsident eines Landes oder der Premierminister, sondern eine Suche, um herauszufinden: »Wer bin ich?«

❧

Zweitens wird dir Meditation eine große Stille schenken – weil all das überflüssige Wissen verschwunden ist. Die Gedanken, die Teil des Wissens sind, sind ebenfalls verschwunden ... eine enorme Stille. Und du wirst überrascht sein: Diese Stille ist die einzige Musik, die es gibt.

Jede Musik ist nur ein Versuch, diese Stille auf irgendeine Weise auszudrücken. Die alten Seher des Ostens haben immer wieder betont, dass jede große Kunst – Musik, Poesie, Tanz, Malerei, Bildhauerei – aus der Meditation geboren ist. Diese Künste sind ein Versuch, auf irgendeine Weise das nicht Fassbare in die Welt des Fassbaren zu bringen für die, die zu dieser Pilgerreise noch nicht bereit sind. Es sind Geschenke für diejenigen, die noch nicht bereit sind, selbst auf die Reise zu gehen. Doch vielleicht löst ein Lied oder eine Skulptur das Verlangen aus, sich auf die Suche nach der Quelle zu begeben.

Das nächste Mal, wenn du einen buddhistischen Tempel betrittst, setze dich einfach nur still hin und betrachte die Statue. Denn diese Statue ist auf eine Weise gestaltet, mit solchen Proportionen, dass du still wirst, wenn du sie betrachtest. Es ist eine Statue der Meditation; es geht dabei nicht um Gautama Buddha.

Das ist der Grund, warum sich all diese Statuen so ähnlich sehen – Mahavira, Gautama Buddha, Neminatha, Adinatha … die vierundzwanzig Tirthankaras der Jaina … in ein und demselben Tempel kann man vierundzwanzig Statuen finden, die alle gleich aussehen, exakt gleich. Als Kind fragte ich meinen Vater immer: »Kannst du mir erklären, wie es möglich ist, dass vierundzwanzig verschiedene Personen genau gleich aussehen – dieselbe Größe, dieselbe Nase, dasselbe Gesicht, derselbe Körper …?«

Und er antwortete mir: »Das weiß ich auch nicht. Ich bin immer selbst verblüfft davon, dass kein bisschen Unterschied zwischen ihnen besteht. Und das ist doch völlig unwahrscheinlich – es gibt nicht einmal zwei Menschen auf der ganzen Welt, die sich vollständig gleichen, wie sollte das also bei vierundzwanzig möglich sein?«

Doch als die Meditation in mir erblühte, fand ich selbst die Antwort – nicht von irgendjemand anderem; ich fand heraus, dass diese Statuen nichts mit den Personen zu tun haben. Sie haben vielmehr etwas mit dem zu tun, was in diesen vierundzwanzig Menschen geschah, und das war bei allen das Gleiche. Wir befassen uns im Osten nicht mit dem Äußeren; wir bestehen darauf, dass man dem Inneren Aufmerksamkeit schenken sollte. Das Äußere ist unwichtig. Jemand ist jung, jemand ist alt, jemand ist schwarz, jemand ist weiß, jemand ist männlich, jemand ist weiblich – es spielt keine Rolle; was dagegen eine Rolle spielt, ist der Ozean der Stille im Innern. In diesem ozeanischen Zustand nimmt der Körper eine bestimmte Haltung ein.

Du hast es bestimmt schon an dir selbst bemerkt, ohne wirklich darauf zu achten. Ist dir schon einmal aufgefallen, dass der Körper eine bestimmte Haltung einnimmt, wenn du wütend bist? In der Wut kannst du deine Hände nicht offen halten; in der Wut taucht die Faust auf. In der Wut kannst du nicht lächeln, oder? Je nach vorherrschendem Gefühl nimmt der Körper eine bestimmte Haltung ein.

Diese Statuen sind also so konzipiert, dass, wenn man nur dasitzt und sie ansieht und dann die Augen schließt, ein Negativ, ein Schattenbild, in einem entsteht und man etwas Neues zu fühlen beginnt, das man nie zuvor gefühlt hat. Diese Statuen und Tempel wurden nicht zur Anbetung errichtet; sie wurden für eine Erfahrung geschaffen. Sie sind wissenschaftliche Laboratorien – sie haben nichts mit Religion zu tun! Eine gewisse geheime Wissenschaft wurde jahrhundertelang eingesetzt, damit die nachfolgenden Generationen mit den Erfahrungen der früheren Generationen in Kontakt kommen konnten. Nicht durch Bücher, nicht durch Worte, sondern durch etwas, das tiefer geht – durch Stille, durch Meditation, durch Frieden.

Wenn dein Schweigen wächst, nimmt deine Freundlichkeit zu, nimmt deine Liebe zu; dein Leben wird ein Tanz von Augenblick zu Augenblick, eine Freude, ein Feiern.

Habt ihr jemals darüber nachgedacht, warum es in jeder Kultur, in jeder Gesellschaft auf der ganzen Welt ein paar Tage im Jahr zum Feiern gibt? Diese paar Tage zum Feiern sind nur ein Ausgleich – weil diese Gesellschaften euch alles Feiern genommen haben, alles Feiern aus eurem Leben entfernt haben. Und wenn sie euch nichts zum Ausgleich dafür geben würden, könntet ihr zur Gefahr für die Gesellschaft werden.

Jede Kultur muss euch ein bisschen Ausgleich geben, damit ihr euch nicht vollkommen im Elend und in der

Trauer verloren fühlt. Doch dieser Ausgleich ist falsch, ist bedeutungslos.

Raketen und bunte Lichter können nicht wirklichen Jubel bewirken. Sie sind nur für Kinder gut – ansonsten sind sie nur ärgerlich. Doch in eurer inneren Welt kann es ständig Licht, Tanz, Freude geben.

Denkt immer daran, dass die Gesellschaft euch einen Ausgleich gibt, wenn sie befürchtet, dass das Unterdrückte sonst zu einem gefährlichen, explosiven Ausbruch führen könnte. Die Gesellschaft findet einen Weg, damit ihr das Unterdrückte auf irgendeine Art und Weise herauslassen könnt – doch das ist kein wahres Feiern und es kann niemals echt sein.

Echtes Feiern sollte aus eurem Leben kommen, sollte in eurem Leben entstehen.

Und echtes Feiern kann sich nicht nach dem Kalender richten, kann nicht stattfinden, nur weil es der 1. November ist. Wie seltsam, das ganze Jahr fühlt ihr euch elend und am 1. November seid ihr plötzlich von eurem Elend befreit und tanzt? Entweder war das Elend falsch oder der 1. November ist falsch; es kann nicht beides echt sein. Und wenn der 1. November vorbei ist, seid ihr wieder zurück in eurem dunklen Loch, jeder in seinem Elend, jeder in seinen Sorgen.

Das Leben sollte ein ständiges Feiern sein, ein Fest der Lichter das ganze Jahr hindurch. Nur dann kannst du reifen, nur so kannst du erblühen.

Mache auch aus den kleinen Dingen ein Fest.

In Japan gibt es zum Beispiel die Teezeremonie. In jedem Zenkloster und in jedem Haushalt, der es sich leisten kann, gibt es einen kleinen Tempel zum Teetrinken. Jetzt ist das Teetrinken keine gewöhnliche, profane Sache mehr; es wird in etwas Feierliches verwandelt. Der Tempel zum Teetrinken ist auf bestimmte Weise angelegt – er liegt in einem schönen Garten, mit einem kleinen Teich, mit Schwänen im Teich und Blumen ringsherum. Wenn Gäste kommen, müssen sie ihre Schuhe draußen lassen, denn es ist ein Tempel. Und wenn du den Tempel betrittst, darfst du nicht sprechen; du musst dein Denken, deine Gedanken und Worte zusammen mit deinen Schuhen draußen lassen. Du setzt dich in einer meditativen Haltung hin und auch deine Gastgeberin, die Frau, die den Tee für dich zubereitet – ihre Bewegungen sind so anmutig, als würde sie tanzen, während sie sich bewegt, um den Tee zuzubereiten, und während sie die Tasse und Untertasse vor dich hinstellt, als wärst du ein Gott. Mit so viel Respekt … sie verbeugt sich …, und du nimmst die Tasse mit demselben Respekt entgegen.

Der Tee wird in einem speziellen Samowar zubereitet, der wunderbare Geräusche von sich gibt, eine ganz eigene Musik. Und es ist ein Teil der Teezeremonie, dass alle zuerst der Musik des Tees lauschen. Alle sind still und lauschen … die Vögel zwitschern draußen im Garten und der Samowar … der Tee singt sein eigenes Lied. Frieden breitet sich aus …

Wenn der Tee fertig ist und in die Tassen gegossen wird, trinkt man ihn nicht einfach so, wie die Menschen überall sonst Tee trinken. Zuerst genießt man das Aroma des Tees. Dann nippt man am Tee, als käme er aus dem Jenseits, man nimmt sich Zeit – es gibt keine Eile. Jemand beginnt vielleicht auf der Flöte oder der Sitar zu spielen. Etwas ganz Gewöhnliches – nur Tee –, doch sie haben ein wunderbares religiöses Fest daraus gemacht. Alle gehen genährt, erfrischt, verjüngt, gestärkt daraus hervor.

Und was mit dem Teetrinken gemacht werden kann, kann mit allem gemacht werden – mit der Kleidung, mit der Nahrung. Die Menschen leben fast wie im Schlaf; sonst würden sie bemerken, dass jedes Gewebe, jeder Stoff seine eigene Schönheit, seine eigene Struktur besitzt. Wenn du empfindsam bist, dann dient deine Kleidung nicht nur dazu, deinen Körper zu bedecken, sondern sie drückt auch deine Individualität aus, deinen Geschmack, deine Kultur, dein Wesen. Alles, was du tust, sollte dich selbst ausdrücken; es sollte deine eigene Handschrift tragen. Dann wird das Leben zu einem immer währenden Fest.

Selbst wenn du krank wirst und im Bett liegst, kannst du diese Augenblicke im Bett zu Augenblicken der Schönheit und Freude machen, zu Momenten der Entspannung und Ruhe, zu Momenten der Meditation, zu Momenten, in denen du dir Musik oder Poesie anhörst. Du brauchst nicht traurig zu sein, dass du krank bist. Du solltest dich lieber freuen, dass jeder andere im Büro ist und du im Bett liegst wie ein König und dich entspannen kannst – jemand macht Tee für dich, der Samowar singt sein Lied, ein Freund hat sich erboten, zu kommen und Flöte für dich zu spielen …

Diese Dinge sind wichtiger als jede Medizin. Wenn du krank bist, rufe einen Arzt. Doch noch wichtiger ist, die zu rufen, die dich lieben, denn es gibt keine bessere Medizin als Liebe. Rufe die, die Schönheit, Musik und Poesie um dich herum erschaffen können, denn nichts ist so heilsam wie eine Stimmung des Feierns. Medizin ist nur die unterste Stufe der Behandlung, doch es scheint, als hätten wir alles vergessen, und deshalb müssen wir uns auf Medikamente verlassen und grummelig und frustriert sein – als würdest du etwas Großartiges verpassen, das im Büro auf dich wartet! Im Büro ging es dir elend, jetzt hast du einen Tag frei und klammerst dich weiter an dein Elend – du willst es einfach nicht loslassen.

Sei bei allem kreativ, mache selbst aus dem Schlimmsten noch das Beste: Das nenne ich die Kunst des Lebens. Und wenn ein Mensch sein Leben damit verbracht hat, jeden Moment und jeden Abschnitt mit Schönheit, mit Liebe, mit Freude zu erfüllen, wird sein Tod ganz natürlich den Höhepunkt all seiner Bemühungen darstellen. Die letzten kleinen Details … sein Tod wird nicht hässlich sein, wie es sonst jeden Tag passiert.

Wenn der Tod hässlich ist, bedeutet das, dass das ganze Leben verschwendet war. Der Tod sollte ein friedvolles Annehmen sein, ein liebevoller Übergang in das Unbekannte, ein fröhlicher Abschied von den alten Freunden, der alten Welt. Es sollte keine Tragödie damit verbunden sein.

Ein Zenmeister, Lin Chi, lag im Sterben. Tausende seiner Schüler hatten sich versammelt, um seine letzte Predigt zu hören, doch Lin Chi legte sich einfach hin – fröhlich, lächelnd, doch ohne ein einziges Wort zu sagen.

Als alle sahen, dass Lin Chi im Sterben lag und kein einziges Wort sagte, erinnerte ihn jemand – ein alter Freund, der selbst ein Meister war; er war kein Schüler von Lin Chi, deshalb konnte er zu ihm sagen: »Lin Chi, hast du vergessen, dass du deine letzten Worte sprechen musst? Ich habe dir immer gesagt, dass du ein schlechtes Gedächtnis hast. Du liegst im Sterben … hast du das vergessen?«

Lin Chi sagte: »Horcht.« Auf dem Dach rannten zwei Eichhörnchen herum und kreischten. Und Lin Chi sagte: »Wie schön«, und starb.

Einen Augenblick lang, als er sagte: »Horcht«, herrschte absolute Stille. Jeder dachte, er würde jetzt etwas Großartiges sagen, doch da waren nur zwei Eichhörnchen, die sich auf dem Dach miteinander balgten und kreischten und rannten … und er lächelte und starb. Aber er hat seine letzte Botschaft hinterlassen: Macht die Dinge nicht klein und groß, unbedeutend und wichtig. Alles ist wichtig. In diesem Augenblick ist Lin Chis Tod nicht wichtiger als die beiden Eichhörnchen auf dem Dach, es gibt keinen Unterschied. Für die Existenz ist das alles dasselbe. Das war seine Philosophie, die Lehre seines ganzen Lebens – dass es nichts gibt, was groß ist, und nichts, was klein ist; es hängt alles von dir ab und was du daraus machst.

Beginne zu meditieren und diese Dinge werden in dir wachsen – Stille, Heiterkeit, Glückseligkeit, Empfindsamkeit. Und was immer aus der Meditation erwächst, versuche es in dein Leben zu integrieren. Teile es, denn alles, was man teilt, wächst. Und wenn du dann den Augenblick des Todes erreichst, wirst du wissen, dass es keinen Tod gibt. Du kannst Abschied nehmen und es braucht keine Tränen der Trauer – vielleicht Tränen der Freude, aber nicht der Trauer.

Doch das alles beginnt damit, dass du unschuldig wirst.

Als Erstes wirf also den ganzen Schrott weg, den du mit dir herumträgst – und jeder trägt so viel Schrott mit sich herum! Man fragt sich, wozu eigentlich? Nur weil irgendwelche Leute dir gesagt haben, dass das großartige Ideen und wunderbare Prinzipien seien … Du hast deiner eigenen Intelligenz nicht vertraut. Nutze deine eigene Intelligenz.

Das Leben ist sehr einfach, es ist ein freudiger Tanz. Und die ganze Erde kann voller Freude und Tanz sein; doch es gibt Menschen, die ein ernsthaftes Interesse daran haben, dass niemand das Leben genießt, dass niemand lächelt, dass niemand lacht, dass das Leben Sünde ist, dass es eine Strafe ist. Wie kannst du das Leben genießen, wenn dir ständig gesagt worden ist, dass es eine Strafe ist, dass du leidest, weil du etwas falsch gemacht hast, dass es eine Art Gefängnis ist, in das du gesteckt wurdest, um zu leiden?

Ich sage euch, das Leben ist kein Gefängnis, es ist keine Strafe. Es ist eine Belohnung und es wird nur denen geschenkt, die es verdient haben, die es wert sind. Nun ist es dein Recht, es zu genießen; es ist eine Sünde, wenn du es nicht genießt. Es ist gegen die Existenz, wenn du es nicht schöner machst, wenn du es genauso zurücklässt, wie du es vorgefunden hast. Nein, lasse es ein wenig glücklicher zurück, ein wenig schöner, ein wenig duftender.

❧

Lausche deinem Wesen. Es gibt dir ständig Hinweise; es ist eine leise Stimme, die zu dir spricht. Sie schreit dich nicht an, das ist wahr. Doch wenn du ein bisschen still bist, wirst du deinen Weg fühlen können. Sei der Mensch, der du bist. Versuche niemals, jemand anderer zu sein, und du wirst reif werden. Reife bedeutet, die Verantwortung dafür zu übernehmen, du selbst zu sein, gleichgültig, um welchen Preis. Alles zu riskieren, um man selbst zu sein, das ist es, was Reife bedeutet.

❧

Definitionen

Von der Unwissenheit zur Unschuld

Reife bedeutet dasselbe wie Unschuld, nur mit einem Unterschied: Sie ist wiedergewonnene Unschuld, zurückeroberte Unschuld. Jedes Kind wird unschuldig geboren und von der Gesellschaft verdorben. Jede Gesellschaft, die es bisher gab, hatte einen verderblichen Einfluss auf die Kinder. Alle Kulturen beruhen darauf, die Unschuld des Kindes auszubeuten, das Kind auszubeuten, es zu einem Sklaven zu machen, es für ihre eigenen Zwecke zu konditionieren, für ihre eigenen Ziele – politisch, sozial, ideologisch. Ihre ganze Anstrengung war immer darauf ausgerichtet, das Kind als Sklaven für irgendein Ziel zu gewinnen. Diese Ziele werden von den Interessen der Gesellschaft bestimmt. Die Priester und die Politiker haben sich zu diesem Zweck verschworen, sie haben dabei zusammengearbeitet.

In dem Moment, in dem ein Kind Teil eurer Gesellschaft wird, verliert es etwas unendlich Wertvolles; es verliert den Kontakt zu Gott. Es wird mehr und mehr verkopft und vergisst das Herz. Doch das Herz ist die Brücke, die zum inneren Wesen führt. Ohne das Herz kannst du dein eigenes Wesen nicht erreichen – unmöglich. Vom Kopf gibt es keinen direkten Weg zum Sein; du musst über das Herz gehen, und alle Gesellschaften wirken zerstörerisch auf das Herz. Sie sind gegen Liebe, gegen Gefühle; sie verurteilen Gefühle als Sentimentalität. Sie haben zu allen Zeiten die Liebenden verdammt, aus dem einfachen Grund, weil die Liebe nicht aus dem Kopf, sondern aus dem Herzen kommt. Ein Mensch, der fähig ist zur Liebe, wird früher oder später sein inneres Wesen entdecken –

und sobald jemand sein Wesen entdeckt hat, ist er frei von allen Strukturen, von allen Mustern. Er ist frei von aller Gefangenschaft. Er ist reine Freiheit.

❧

Vom Kopf gibt es keinen direkten Weg zum Sein; du musst über das Herz gehen, und alle Gesellschaften wirken zerstörerisch auf das Herz.

❧

Jedes Kind wird unschuldig geboren, doch jedes Kind wird von der Gesellschaft mit Wissen voll gestopft. Daher gibt es Schulen, Akademien, Universitäten; ihre Aufgabe ist es, euch zu zerstören, euch zu korrumpieren.

Reife bedeutet, die verlorene Unschuld wiederzugewinnen, das Paradies zurückzufordern, wieder ein Kind zu werden. Natürlich gibt es da einen Unterschied – das normale Kind wird unvermeidbar korrumpiert, doch wenn du deine Kindheit zurückgefordert hast, bist du nicht mehr korrumpierbar. Niemand kann dich mehr korrumpieren, denn jetzt bist du intelligent genug – du weißt, was die Gesellschaft dir angetan hat, und du bist wach und aufmerksam, du wirst nicht zulassen, dass es erneut passiert.

❧

Reife bedeutet, die verlorene Unschuld wiederzugewinnen, das Paradies zurückzufordern, wieder ein Kind zu werden. Natürlich gibt es da einen Unterschied – das normale Kind wird unvermeidbar korrumpiert, doch wenn du deine Kindheit zurückgefordert hast, bist du nicht mehr korrumpierbar.

❧

Reife ist eine Wiedergeburt, eine spirituelle Geburt. Du wirst neu geboren, du bist wieder ein Kind. Mit neuen Augen beginnst du die Existenz zu betrachten. Mit Liebe im Herzen näherst du dich dem Leben. Mit Stille und Unschuld dringst du zu deinem innersten Kern vor. Du bist nicht mehr nur der Kopf. Du benutzt den Kopf, doch er ist dein Diener. Zuerst wirst du zum Herzen und dann transzendierst du sogar das Herz.

Reife bedeutet, über Gedanken und Gefühle hinauszugehen und zu reinem Sein zu werden. Reife ist das vollkommene Erblühen der Meditation.

Jesus sagte: »Wenn ihr nicht wieder geboren werdet, könnt ihr das Himmelreich Gottes nicht betreten.« Er hat Recht, ihr müsst erst wieder geboren werden.

Einmal stand Jesus auf dem Marktplatz und jemand fragte ihn: »Wer ist würdig, das Reich Gottes zu betreten?« Er schaute sich um. Da stand ein Rabbi, und dieser Rabbi muss wohl leicht vorgetreten sein, weil er dachte, dass er ausgewählt würde – doch er wurde nicht gewählt. Da stand der ehrenhafteste Mann der Stadt – ein Moralist, ein Puritaner. Er trat etwas vor, weil er hoffte, ausgewählt zu werden, doch er wurde nicht gewählt. Jesus sah sich um – er erblickte ein kleines Kind, das nicht erwartete, ausgewählt zu werden. Es hatte sich nicht bewegt, keinen Zentimeter. Da war keine Vorstellung davon, keine Frage, ob es gewählt würde. Es genoss einfach die ganze Szene – die Menge und Jesus und die Leute, wie sie sprachen, und es hörte einfach nur zu. Jesus rief das Kind, er nahm das Kind in seine Arme und sagte zu der Menge: »Die da sind wie dieses kleine Kind, sind die Einzigen, die würdig sind, das Reich Gottes zu betreten.«

Aber denkt daran, er sagte: »Die da sind *wie* dieses kleine Kind …« Er sagte nicht: »Die, die kleine Kinder *sind*.« Es besteht ein großer Unterschied zwischen diesen beiden Aussagen. Er sagte nicht: »Dieses Kind wird das Reich Gottes betreten«, denn jedes Kind wird unvermeidlich verdorben, es wird in die Irre gehen. Jeder Adam und jede Eva müssen aus dem Garten Eden vertrieben werden, sie müssen in die Irre gehen. Das ist der einzige Weg, um die Kindheit wahrhaft zurückzugewinnen: Erst muss man sie verlieren. Das ist seltsam, doch so ist das Leben. Es ist paradox, doch das ganze Leben ist ein Paradox. Um die wahre Schönheit deiner Kindheit zu erkennen, musst du sie zuerst verlieren; sonst würdest du sie niemals erkennen.

❧

Jeder Adam und jede Eva müssen aus dem Garten Eden vertrieben werden, sie müssen in die Irre gehen. Das ist der einzige Weg, um die Kindheit wahrhaft zurückzugewinnen: Erst muss man sie verlieren.

❧

Der Fisch weiß nicht, was das Meer ist – außer du ziehst ihn heraus und wirfst ihn in der brennenden Sonne auf den Sand; dann weiß er, was das Meer ist. Nun sehnt er sich nach dem Meer und unternimmt jede Anstrengung, um ins Meer zurückzugelangen, und versucht ins Meer zurückzuspringen. Es ist derselbe Fisch und doch nicht derselbe. Es ist dasselbe Meer und doch nicht dasselbe, denn der Fisch hat eine Lektion gelernt. Nun ist er sich bewusst, nun weiß er: »Das ist das Meer und es ist mein Leben. Ohne es kann ich nicht sein – ich bin ein Teil davon.«

Jedes Kind muss seine Unschuld verlieren und wiedergewinnen. Sie zu verlieren ist nur die eine Hälfte des Prozesses – viele haben sie verloren, doch nur sehr wenige haben sie wiedergewonnen. Das ist bedauerlich, sehr bedauerlich. Jeder verliert sie, doch nur ab und zu gelingt es einem Buddha, einem Zarathustra, einem Krishna, einem Jesus, sie wiederzugewinnen. Jesus ist niemand anderes als Adam, der nach Hause zurückkehrt, Magdalena ist niemand anderes als Eva, die nach Hause zurückkehrt. Sie haben das Meer verlassen und haben das Elend erfahren und die Dummheit erkannt. Sie haben erkannt, dass es nicht glücklich macht, außerhalb des Ozeans zu sein.

In dem Augenblick, in dem du erkennst, was es heißt, Teil einer Gesellschaft, einer Religion zu sein – dass es bedeutet, unglücklich zu sein, ein Gefangener zu bleiben –, in diesem Augenblick beginnst du deine Ketten abzulegen. Die Reife ist nah, du bist dabei, deine Unschuld wiederzugewinnen.

Reife und Alter

Es besteht ein großer Unterschied zwischen Reife und Alter, ein enormer Unterschied, doch die Menschen sind sich darüber meist nicht im Klaren. Sie denken, dass altern bedeutet, reif zu werden – doch das Alter ist nur eine Sache des Körpers. Jeder wird alt, aber nicht jeder wird zwangsläufig auch reif. Reife ist ein inneres Wachstum.

Altern ist nichts, was man tut, es ist vielmehr etwas, das auf einer körperlichen Ebene einfach geschieht. Jedes Kind wird im Laufe der Zeit alt. Reife dagegen ist etwas, das du deinem Leben hinzufügst – sie entsteht aus Bewusstheit. Wenn ein Mensch voller Bewusstheit altert, wird er reif. Alter plus Bewusstheit, Erfahrung plus Bewusstheit ist Reife.

Altern ist nichts, was man tut, es ist vielmehr etwas, das auf einer körperlichen Ebene einfach geschieht. Jedes Kind wird im Laufe der Zeit alt. Reife dagegen ist etwas, das du deinem Leben hinzufügst – sie entsteht aus Bewusstheit.

Man kann Erfahrungen auf zwei unterschiedliche Arten machen. Man kann etwas erfahren, als wäre man hypnotisiert, unbewusst und unaufmerksam für das, was geschieht: Etwas ist passiert, doch du warst nicht wirklich dabei. Es ist nicht in deiner Gegenwart passiert, du warst abwesend. Es ist einfach nur an dir vorbeigegangen, doch es hat dich nicht berührt. Es hat keine Spuren in dir hinterlassen, du hast nichts daraus gelernt. Es mag ein Teil deiner Erinnerung geworden sein, weil du körperlich anwesend warst, doch es hat sich in dir nicht in Weisheit verwandelt. Du bist dadurch nicht gewachsen. Dann alterst du einfach nur.

Doch wenn du die Qualität von Bewusstheit in eine Erfahrung einbringst, wird aus der Erfahrung Reife.

Es gibt zwei Arten, zu leben: Bei der einen Art lebst du in einem tiefen Schlaf – dann alterst du. Jeden Moment wirst du älter, jeden Moment stirbst du ein wenig, und das ist alles. Dein ganzes Leben ist nur ein langer, langsamer Tod. Doch wenn du Bewusstheit in deine Erfahrungen bringst – du bist aufmerksam, wach, bewusst, was immer du tust, was immer dir geschieht, du genießt die Erfahrung von allen Seiten, du versuchst ihre Bedeutung zu verstehen, du versuchst in die Tiefe dessen vorzudringen, was dir geschieht, du versuchst es intensiv und total zu leben –, dann ist es kein oberflächliches Phänomen mehr. Tief in deinem Innern verändert sich etwas dabei. Du wirst wacher. Wenn eine Erfahrung sich als Fehler erweist, dann wirst du diesen Fehler nicht noch einmal begehen.

Ein reifer Mensch begeht denselben Fehler nicht zweimal. Doch ein Mensch, der einfach nur alt geworden ist, wird dieselben Fehler immer und immer wieder begehen. Er dreht sich im Kreis; er lernt niemals etwas dazu. Du bist heute wütend, du warst gestern wütend und ebenso den Tag davor, und du wirst auch morgen wieder wütend werden und den Tag darauf ebenso. Wieder und wieder wirst du wütend, wieder und wieder bereust du es, wieder und wieder fasst du den Entschluss, nicht mehr wütend zu werden. Doch dieser Entschluss bewirkt keine Veränderung – immer wenn du dich gestört fühlst, überkommt dich die Wut, und du bist besessen davon; und wieder begehst du denselben Fehler. Das ist Altern.

❧

Ein reifer Mensch begeht denselben Fehler nicht zweimal. Doch ein Mensch, der einfach nur alt geworden ist, wird dieselben Fehler immer und immer wieder begehen. Er dreht sich im Kreis; er lernt niemals etwas dazu.

❧

Wenn du die Erfahrung der Wut dagegen vollständig lebst, wirst du nie wieder wütend werden. Eine Erfahrung reicht dann aus, um dich zu lehren, dass es unsinnig ist, dass es absurd ist, dass es einfach dumm ist – nicht dass es eine Sünde wäre, es ist einfach nur dumm. Du schadest dir selbst und du schadest anderen – für nichts. Die Sache ist es nicht wert. Das ist Reife. Morgen wird sich die Situation wiederholen, doch die Wut wird nicht wieder auftauchen. Und ein Mensch, der an Reife zunimmt, hat nicht etwa beschlossen, dass er nicht mehr wütend wird, nein – das ist das Zeichen eines Menschen, der nicht reif ist. Ein reifer Mensch beschließt niemals etwas für die Zukunft; die Reife selbst sorgt dafür. Du lebst heute – und wie du heute lebst, entscheidet darüber, wie das Morgen sein wird; es wird daraus entstehen.

❧

Ein reifer Mensch beschließt niemals etwas für die Zukunft; die Reife selbst sorgt dafür. Du lebst heute – und wie du heute lebst, entscheidet darüber, wie das Morgen sein wird; es wird daraus entstehen.

❧

Wenn die Wut schmerzhaft und unangenehm war und dir Höllenqualen verursacht hat, warum solltest du dann zum Tempel gehen und erklären: »Ich lege jetzt ein Gelübde ab, nie mehr wütend zu werden«? Das wäre doch kindisch, das wäre sinnlos! Wenn du erfahren hast, dass Wut unangenehm ist, ist es vorbei! Diese Tür ist geschlossen, diese Möglichkeit existiert für dich nicht mehr. Die Situation wird sich morgen wiederholen, doch du wirst dich von der Situation nicht mehr beherrschen lassen. Du hast etwas gelernt, und dieses Verständnis wird jetzt da sein. Du kannst vielleicht sogar darüber lachen und dich darüber amüsieren, wie die Menschen so dumm sein können. Dein Verständnis wächst durch jede Erfahrung.

Du kannst dein Leben wie in Hypnose verbringen – auf diese Weise leben neunundneunzig Prozent aller Menschen –, oder du kannst voller Intensität und Bewusstheit leben. Wenn du voll Bewusstheit lebst, reifst du; ansonsten wirst du einfach nur alt. Und alt zu werden bedeutet nicht unbedingt, weise zu werden. Wenn du in jungen Jahren ein Narr warst und jetzt alt geworden bist, bist du einfach nur ein alter Narr, weiter nichts. Einfach durchs Älterwerden wird man nicht weise. Man wird vielleicht sogar ein noch größerer Narr, weil man mechanische Gewohnheiten angenommen hat, wie ein Roboter.

❧

Alt zu werden bedeutet nicht unbedingt, weise zu werden. Wenn du in jungen Jahren ein Narr warst und jetzt alt geworden bist, bist du einfach nur ein alter Narr, weiter nichts.

❧

Das Leben kann auf zwei unterschiedliche Arten gelebt werden. Wenn man unbewusst lebt, stirbt man einfach; wenn man bewusst lebt, wird man mehr und mehr Leben gewinnen. Der Tod wird kommen – doch er kommt niemals zu einem reifen Menschen, er kommt nur zu einem Menschen, der alt geworden ist. Ein reifer Mensch wird niemals sterben, denn er wird sogar durch den Tod noch lernen. Selbst der Tod wird zu einer Erfahrung, die intensiv gelebt, beobachtet, zugelassen werden kann.

❧

Ein reifer Mensch wird niemals sterben, denn er wird sogar durch den Tod noch lernen. Selbst der Tod wird zu einer Erfahrung, die intensiv gelebt, beobachtet, zugelassen werden kann.

❧

Ein reifer Mensch stirbt nicht. Am Felsen der Reife zerbricht selbst der Tod. Der Tod stirbt, doch niemals der reife Mensch. Das ist die Botschaft aller Erwachten, dass wir unsterblich sind. Sie haben es erfahren, sie haben ihren Tod gelebt. Sie haben ihn beobachtet und haben festgestellt, dass er dich umgeben kann, und du bist doch darüber erhaben, du bist weit entfernt. Der Tod geschieht in deiner Nähe, doch er geschieht niemals dir.

Dein Wesen ist unsterblich, dein Wesen ist glückselig, dein Wesen ist göttlich, doch diese Erfahrungen kannst du nicht einfach von anderen übernehmen. Du musst durch das Leben gehen und sie selbst machen. Es ist viel Leiden damit verbunden, viel Schmerz. Und deswegen ziehen es die Menschen vor, dumm zu leben – man muss verstehen, warum so viele Menschen darauf bestehen, in Hypnose zu leben, warum Erwachte wie Buddha und Christus die Menschen immer wieder auffordern zu erwachen, ohne dass ihnen jemand zuhört. Es muss etwas an dieser Hypnose geben, es muss ein tiefes Interesse daran geben. Weshalb dieses Interesse daran?

Diesen Mechanismus gilt es zu verstehen, sonst werdet ihr mir einfach nur zuhören und niemals bewusst werden. Ihr hört zu und macht es zu einem Teil eures Wissens.

»Dieser Mann sagt, seid bewusst, denn es ist gut, bewusst zu sein, und diejenigen, die bewusst sind, werden reif ...« Doch ihr selbst werdet es nicht erreichen, es wird einfach nur abstraktes Wissen bleiben. Ihr könnt euer Wissen dann anderen mitteilen, doch auf diese Weise wird niemandem geholfen.

Warum? Hast du dich das jemals gefragt? Warum erreichst du keine Bewusstheit? Wenn sie zu unendlicher Seligkeit führt, zu *Satchitananda*, zur absoluten Wahrheit – warum dann nicht bewusst sein? Warum sollte man dann weiterschlafen? Es gibt ein Interesse daran, und zwar folgendes: Wenn du bewusst wirst, entsteht Leid. Wenn du bewusst wirst, wirst du dir deines Schmerzes bewusst, und der Schmerz ist so groß, dass du am liebsten einfach nur ein Beruhigungsmittel nehmen und schlafen möchtest.

Dieser Schlaf wirkt als Schutz gegen den Schmerz. Doch darin liegt das Problem – wenn du gegen den Schmerz unempfindlich bist, bist du auch gegen die Freude unempfindlich. Stellen wir uns vor, es seien zwei Wasserhähne: Auf dem einen steht »Schmerz« und auf dem anderen »Freude«. Du möchtest gern den einen schließen, auf dem Schmerz steht, und den anderen öffnen, auf dem Freude steht. Doch so funktioniert es nicht: Wenn du den Schmerzhahn zudrehst, schließt sich auch der Freudenhahn, denn hinter den beiden befindet sich ein einziger Hahn, und auf ihm steht »Bewusstheit«. Entweder sind beide offen oder beide sind geschlossen, denn es handelt sich um die zwei Gesichter, die zwei Aspekte ein und desselben Phänomens.

Und darin besteht das ganze Dilemma des Verstands: Der Verstand möchte gern mehr Glück erleben – und Glück ist möglich, wenn du bewusst bist. Doch außerdem möchte der Verstand gern weniger Schmerz erleben – und weniger Schmerz ist nur möglich, wenn du unbewusst bist. Jetzt bist du in einem Zwiespalt. Wenn du keinen Schmerz möchtest, verschwindet auch die Freude aus deinem Leben, das Glück verschwindet. Wenn du dir Glück wünschst, öffnest du den Hahn – und sofort fließt auch Schmerz heraus. Wenn du bewusst bist, musst du dir beider Qualitäten bewusst sein. Leben ist Schmerz und Freude. Leben ist Glück und Unglück. Leben ist Tag und Nacht. Leben ist Leben und Tod. Du musst dir beider Aspekte bewusst sein.

❧

Leben ist Glück und Unglück. Leben ist Tag und Nacht. Leben ist Leben und Tod. Du musst dir beider Aspekte bewusst sein.

❧

Denke also immer daran: Wenn du dich vor Schmerz fürchtest, wirst du in Hypnose bleiben; du wirst altern, alt werden und sterben. Dann hast du eine Gelegenheit verpasst. Wenn du bewusst werden willst, musst du für Schmerz und Freude bewusst werden, denn das sind keine getrennten Phänomene. Ein Mensch, der bewusst wird, erfährt viel Glück, doch er wird auch zu tiefem Unglück fähig, zu einer Tiefe des Unglücks, zu der ihr überhaupt nicht fähig seid.

Es geschah einmal, dass ein Zenmeister starb, und sein wichtigster Schüler, der selbst ein berühmter Meister war – tatsächlich war der Meister überhaupt erst durch diesen Schüler berühmt geworden –, begann zu weinen. Er saß auf den Stufen des Tempels und die Tränen strömten über seine Wangen. Tausende von Menschen hatten sich versammelt; sie waren sehr erstaunt, denn niemals sieht man einen Erwachten, der weint und dem Tränen übers Gesicht laufen. Sie sagten: »Wir können es nicht glauben – was ist los? Du weinst, dabei hast du selbst uns doch gesagt, dass das innerste Wesen niemals stirbt, dass es keinen Tod gibt. Wir haben dich Millionen Mal sagen hören, dass der Tod nicht existiert – warum weinst du also? Dein Meister ist in seinem Wesen noch immer lebendig.«

Der Schüler öffnete die Augen und sagte: »Lasst mich in Ruhe. Lasst mich weinen und klagen. Ich weine nicht um den Meister und sein Wesen, ich weine um seinen Körper. Auch sein Körper war schön. Dieser Körper wird niemals mehr existieren.«

Darauf versuchte ihn jemand davon zu überzeugen, dass das Weinen seinem Namen schaden könnte: »So viele Menschen haben sich hier versammelt und sie werden alle denken, dass du nicht erleuchtet bist.«

Der Schüler erwiderte darauf: »Lasst sie doch denken, was sie wollen. Seit dem Tag, an dem ich erleuchtet wurde, habe ich unendliche Seligkeit erfahren, doch ich bin auch unendlich empfindsam für Schmerz und Leid geworden.«

Und das ist so, wie es sein sollte. Wenn du Buddha schlägst, wird Buddha mehr leiden, als wenn jemand dich schlägt – weil er unendlich empfindsam geworden ist. Seine Empfindsamkeit geht sehr tief, er ist wie eine Lotosblüte. Dein Schlag wird ihn schwer treffen, wird ihn tief leiden lassen. Natürlich wird er sich dessen bewusst sein, natürlich wird er darüber erhaben sein. Natürlich wird er das transzendieren, wird er wissen, dass es geschieht, und er wird kein Teil des Geschehens sein, sondern wie eine Wolke, die das Geschehen umgibt – und doch geschieht es.

Du kannst gar nicht so empfindsam für Schmerz sein, weil du so tief schläfst. Du bist wie ein Betrunkener – der

Betrunkene fällt auf der Straße hin, schlägt sich den Kopf auf und nichts passiert. Wäre er bei Bewusstsein gewesen, hätte er Schmerz empfunden.

Buddha erfährt unendlich viel Leid und unendlich viel Freude. Denke immer daran, wenn du einen hohen Gipfel erreichst, entsteht dabei gleichzeitig ein tiefes Tal. Wenn du den Himmel erreichen willst, müssen deine Wurzeln bis in die Hölle reichen. Weil du Angst vor Schmerz hast, kannst du nicht bewusst werden – und dadurch kannst du nichts lernen.

Es ist, als würdest du dich so sehr vor Feinden fürchten, dass du die Türen deines Hauses verschlossen hältst. Jetzt können es auch die Freunde nicht mehr betreten, nicht einmal der Geliebte kann es betreten. Der Geliebte klopft an die Tür, doch du hast Angst, denn vielleicht ist es ja ein Feind. Daher bist du verschlossen – so sehe ich euch alle, verschlossen, voller Angst vor dem Feind –, und der Freund kann nicht mehr eintreten. Ihr habt aus dem Freund einen Feind gemacht – jetzt kann niemand mehr eintreten, weil ihr euch so sehr fürchtet.

Öffnet die Tür. Wenn frische Luft hereinkommt, besteht die Möglichkeit, dass auch Gefahren hereinkommen. Wenn der Freund kommt, kommt auch der Feind, denn Tag und Nacht treten gemeinsam ein, Schmerz und Freude kommen gemeinsam, Leben und Tod kommen gemeinsam. Fürchte dich nicht vor dem Schmerz, denn sonst wirst du wie unter Narkose leben. Der Chirurg gibt dir ein Betäubungsmittel vor der Operation, weil du sonst zu große Schmerzen hättest, du würdest es nicht aushalten. Dein Bewusstsein muss getrübt werden, dann kann er deinen Körper aufschneiden, ohne dass du leidest.

Weil du dich vor Schmerzen fürchtest, zwingst du dich selbst, in einem getrübten Bewusstseinszustand zu leben, in einer getrübten Existenz, kaum lebendig – dafür sorgt die Angst. Du musst diese Angst loslassen, du musst dich dem Schmerz stellen, du musst durch das Leiden gehen – nur dann besteht die Möglichkeit, dass der Freund eintritt.

Und wenn du beides erfahren hast, erfährst du automatisch das Dritte. Wenn du beides kennst – Schmerz und Freude, die Dualität, Tag und Nacht –, wirst du plötzlich Transzendenz erfahren.

Reife bedeutet Bewusstheit. Altern ist einfach nur reine Verschwendung.

DAS WICHTIGSTE, AN DAS MAN SICH IMMER ERINNERN MUSS, ist, dass das Leben widersprüchlich ist. Es besteht aus Dualität, es ist ein rhythmischer Wechsel der Gegensätze. Du kannst nicht dauerhaft glücklich sein, sonst würde das Glück seine Bedeutung verlieren. Du kannst nicht dauerhaft in Harmonie leben, sonst wärst du dir der Harmonie überhaupt nicht mehr bewusst. Auf Harmonie muss wieder und wieder Konflikt folgen, auf Glück muss Unglück folgen. Jede Freude hat ihren eigenen Schmerz und jeder Schmerz hat seine eigene Freude.

Wenn man diese Dualität der Existenz nicht versteht, macht man sich unnötigen Kummer.

Akzeptiere das Ganze, mit all seinen Leiden und all seiner Ekstase. Sehne dich nicht nach dem Unmöglichen; verlange nicht, dass es nur Ekstase und keine Verzweiflung geben soll. Ekstase kann nicht allein existieren, sie braucht einen Kontrast. Wenn Verzweiflung der Hintergrund ist, dann wird die Ekstase sehr hell und klar, so wie in der Dunkelheit der Nacht die Sterne hell scheinen. Je dunkler die Nacht, desto heller die Sterne. Am Tag sind sie nicht wirklich verschwunden, sie werden einfach nur unsichtbar; man kann sie nicht sehen, weil kein Kontrast vorhanden ist.

Stell dir ein Leben ohne Tod vor; es wäre ein unerträglicher Schmerz, eine unerträgliche Existenz. Es wäre unmöglich, ohne Tod zu leben – der Tod definiert das Leben, er gibt ihm eine Art Intensität. Weil das Leben flüchtig ist, wird jeder Moment kostbar. Wenn das Leben ewig wäre, wäre dann noch irgendetwas wichtig? Man könnte ewig auf morgen warten – wer würde dann noch hier und jetzt leben? Weil morgen der Tod kommt, zwingt er dich, hier und jetzt zu leben. Du musst dich in den gegenwärtigen Augenblick stürzen, du musst bis zu seiner letzten Tiefe gehen – denn wer weiß? Der nächste Augenblick kommt vielleicht, vielleicht aber auch nicht.

Akzeptiere das Ganze, mit all seinen Leiden und all seiner Ekstase. Sehne dich nicht nach dem Unmöglichen; verlange nicht, dass es nur Ekstase und keine Verzweiflung geben soll.

Wer diesen Rhythmus erkennt, ist zufrieden, ist zufrieden mit beidem. Wenn Unglück kommt, heißt man es willkommen, wenn Glück kommt, heißt man es willkommen, denn man weiß, dass sie Partner im selben Spiel sind. Das ist etwas, an das man immer denken muss. Wenn es zu einer fundamentalen Erkenntnis in dir wird, wird dein Leben einen völlig neuen Geschmack annehmen – den Geschmack von Freiheit, den Geschmack von Losgelöstheit, den Geschmack von Nicht-anhaften-Wollen. Was auch immer kommen mag, du bleibst still, ruhig, akzeptierend.

Und der Mensch, der fähig ist, Schmerz, Frustration und Elend still und ruhig zu akzeptieren, transformiert die Qualität des Elends selbst. Für ihn wird selbst das Elend zu einem Schatz; für ihn wird selbst der Schmerz zu Bewusstheit. Für ihn hat selbst die Dunkelheit ihre eigene Schönheit, Tiefe, Unendlichkeit. Für ihn ist selbst der Tod nicht das Ende, sondern nur der Beginn von etwas Unbekanntem.

❧

Und der Mensch, der fähig ist, Schmerz, Frustration und Elend still und ruhig zu akzeptieren, transformiert die Qualität des Elends selbst. Für ihn wird selbst das Elend zu einem Schatz; für ihn wird selbst der Schmerz zu Bewusstheit. Für ihn hat selbst die Dunkelheit ihre eigene Schönheit, Tiefe, Unendlichkeit.

❧

Geistige Reife

Die Qualitäten eines reifen Menschen sind sehr seltsam. Erstens ist er keine Person. Er ist nicht länger ein Ich – er besitzt eine Präsenz, doch er ist keine Person.

Zweitens ist er wie ein Kind, einfach und unschuldig. Darum sage ich, die Qualitäten eines reifen Menschen sind seltsam, denn Reife macht den Eindruck von Erfahrung, von Alter – körperlich mag er alt sein, doch spirituell ist er ein unschuldiges Kind. Seine Reife ist nicht einfach nur Lebenserfahrung – dann wäre er nicht wie ein Kind, dann wäre er keine Präsenz –, dann wäre er ein erfahrener Mensch, voller Wissen, aber ohne Reife.

Reife hat nichts mit den Lebenserfahrungen zu tun. Sie hat etwas mit der inneren Reise zu tun, mit den Erfahrungen des Inneren.

Je tiefer ein Mensch in sich selbst geht, desto reifer wird er. Wenn er das Zentrum seines Seins erreicht hat, hat er vollkommene Reife erlangt. Doch in diesem Augenblick verschwindet die Person, nur die Präsenz bleibt zurück. Das Selbst verschwindet und nur Schweigen bleibt zurück. Wissen verschwindet, nur Unschuld bleibt zurück.

Für mich ist Reife ein anderer Begriff für Verwirklichung: Man hat sein Potenzial erfüllt, hat es verwirklicht. Das Samenkorn hat einen langen Weg hinter sich gebracht und ist erblüht.

Reife besitzt einen besonderen Duft. Sie gibt dem Menschen eine enorme Schönheit. Sie gibt ihm Intelligenz, die schärfste Intelligenz. Sie macht aus ihm reine Liebe. Sein Handeln ist Liebe, sein Nichthandeln ist Liebe; sein Leben ist Liebe, sein Tod ist Liebe. Er ist einfach eine Blume der Liebe.

Der Westen hat Definitionen von Reife, die sehr kindisch sind. Der Westen meint mit Reife, dass man nicht mehr unschuldig ist, dass man durch seine Lebenserfahrungen geformt wurde, dass man nicht mehr leicht zu betrügen ist, dass man sich nicht mehr ausbeuten lässt, dass man in sich so etwas wie einen festen Fels trägt, einen Schutz, eine Sicherheit. Diese Definition ist sehr gewöhnlich, sehr weltlich. Ja, in der Welt gibt es reife Menschen dieser Art. Doch die Art und Weise, wie ich Reife sehe, ist ganz anders, ist dieser Definition diametral entgegengesetzt. Die Reife, über die ich spreche, macht dich nicht zu einem Felsen; sie wird dich im Gegenteil sehr verwundbar machen, sehr weich, sehr einfach.

❧

Reife hat nichts mit den Lebenserfahrungen zu tun. Sie hat etwas mit der inneren Reise zu tun, mit den Erfahrungen des Inneren. Je tiefer ein Mensch in sich selbst geht, desto reifer ist er.

❧

Das erinnert mich an eine Geschichte … Ein Dieb betrat die Hütte eines Mystikers. Es war eine Vollmondnacht, und er war aus Versehen dort eingetreten; denn was sollte man schon in der Hütte eines Mystikers finden? Der Dieb schaute sich um und war erstaunt, dass es dort überhaupt nichts gab – und plötzlich erblickte er einen Mann, der mit einer Kerze in der Hand auf ihn zukam. Der Mann fragte: »Was suchst du hier im Dunkeln? Warum hast du mich nicht geweckt? Ich habe direkt bei der Eingangstür geschlafen und hätte dir das ganze Haus zeigen können.« Und er blickte so einfach und unschuldig, als wäre er überhaupt nicht in der Lage, sich vorzustellen, dass jemand ein Dieb sein könnte.

Angesichts solcher Einfachheit und Unschuld meinte der Dieb: »Vielleicht ist dir nicht klar, dass ich ein Dieb bin.«

Der Mystiker antwortete darauf: »Das spielt keine Rolle, jeder muss schließlich irgendjemand sein. Der Punkt ist, dass ich dreißig Jahre in diesem Haus verbracht und nichts gefunden habe, also lass uns zusammen suchen! Und wenn wir etwas finden, können wir Partner sein. Aber ich habe in diesem Haus nichts gefunden – es ist einfach vollkommen leer.« Der Dieb ängstigte sich ein bisschen – dieser Mann schien etwas seltsam zu sein! Entweder war er verrückt oder … wer konnte schon wissen, was für ein Mann das war? Jetzt wollte er nur noch verschwinden und außerdem hatte er Sachen von zwei anderen Häusern mitgebracht, die er vor dem Haus hatte liegen lassen.

Der Mystiker hatte nur eine einzige Decke – das war alles, was er besaß –, und es war eine kalte Nacht, also sagte er zu dem Dieb: »Geh nicht einfach so weg, beleidige mich nicht auf diese Weise; sonst werde ich mir niemals vergeben können, dass ein armer Mann mitten in der Nacht in mein Haus kam und mit leeren Händen wieder gehen musste. Nimm diese Decke. Sie wird dir gut tun – draußen ist es kalt. Ich bin im Inneren des Hauses, hier ist es wärmer.«

Und er bedeckte den Dieb mit seiner Decke. Der Dieb war nahe daran, den Verstand zu verlieren! Er sagte: »Was machst du da? Ich bin ein Dieb!«

Der Mystiker erwiderte: »Das spielt keine Rolle. In dieser Welt muss jeder irgendjemand sein, muss jeder irgendetwas machen. Du magst stehlen, das macht nichts – ein Beruf ist ein Beruf. Mach es einfach gut, und du hast meinen Segen. Mach es perfekt und lass dich nicht erwischen, sonst kommst du in Schwierigkeiten.«

Der Dieb meinte: »Du bist seltsam. Du bist nackt und hast nichts …«

Der Mystiker erwiderte darauf: »Mach dir keine Sorgen, denn ich komme mit dir! Nur die Decke hat mich in diesem Haus gehalten; abgesehen davon, ist in diesem Haus nichts, und die Decke habe ich nun dir gegeben. Ich komme mit dir, wir werden zusammenleben! Und du scheinst viele Dinge zu haben; das ist eine gute Partnerschaft. Ich habe dir meinen ganzen Besitz gegeben, da kannst du mir ein kleines bisschen von deinem geben – das ist nur gerecht.«

Der Dieb konnte es kaum glauben. Er wollte nur noch diesem Haus und diesem Mann entkommen. Er sagte: »Nein, ich kann dich nicht mitnehmen. Ich habe eine Frau, ich habe Kinder. Und meine Nachbarn, was würden sie sagen, wenn ich einen nackten Mann in mein Haus bringen würde?«

Der Mystiker meinte: »Du hast Recht. Ich werde dich nicht in eine peinliche Situation bringen. Du kannst also gehen, und ich werde hier bleiben.« Doch als der Dieb am Gehen war, rief der Mystiker: »He! Komm zurück!« Niemals hatte der Dieb eine solch kraftvolle Stimme gehört; sie war wie ein Messer. Er musste einfach zurückkommen. Der Mystiker sagte zu ihm: »Lerne erst einmal ein bisschen Höflichkeit. Ich habe dir die Decke gegeben, und du hast mir nicht einmal dafür gedankt. Also bedanke dich – das wird dich weit bringen. Zweitens, beim Hinausgehen … du hast die Tür geöffnet, als du hereingekommen bist – also schließ die Tür! Siehst du nicht, wie kalt die Nacht ist – und ich habe dir meine Decke gegeben und bin nackt! Es ist in Ordnung, dass du ein Dieb bist, doch wenn es um Manieren geht, bin ich heikel. Ein solches Verhalten kann ich nicht dulden. Bedanke dich also!«

Der Dieb musste also sagen: »Vielen Dank, mein Herr«, und dann schloss er die Tür und entkam. Doch er konnte kaum glauben, was ihm da widerfahren war! Er konnte die ganze Nacht nicht schlafen. Immer und immer wieder erinnerte er sich … er hatte noch nie eine so kraftvolle Stimme gehört, so voller Macht. Und dabei besaß der Mann überhaupt nichts!

Am nächsten Tag zog er Erkundigungen ein und fand heraus, dass es sich bei diesem Mann um einen großen Meister handelte. Er hatte einen Fehler gemacht – es war absolut hässlich, zu solch einem armen Mann zu gehen, der nichts besaß. Doch er war ein großer Meister.

Der Dieb sagte: »Das kann ich verstehen – er ist ein sehr seltsamer Mann. In meinem Leben habe ich schon die verschiedensten Leute getroffen, von den ärmsten bis zu den reichsten, doch niemals … wenn ich nur an ihn denke, überläuft mich schon ein Schauder. Als er mich zurückrief, konnte ich nicht wegrennen. Niemand hielt mich fest, ich hätte meine Sachen packen und wegrennen können, aber ich konnte es nicht. Da war etwas in seiner Stimme, das mich zurückhielt.«

Ein paar Monate später wurde der Dieb erwischt und der Richter fragte ihn: »Kannst du jemanden in der Nachbarschaft benennen, der dich kennt?«

Er erwiderte: »Ja, ein Mann kennt mich«, und er nannte den Meister.

Der Richter sagte: »Das ist genug – ruft den Meister. Sein Zeugnis ist mehr wert als das von zehntausend Leuten. Was er über dich sagt, ist ausreichend für eine Beurteilung.«

Der Richter fragte den Meister: »Kennst du diesen Mann?«

Dieser erwiderte: »Ihn kennen? Wir sind Partner! Er ist mein Freund, er hat mich sogar schon mitten in der Nacht besucht. Es war so kalt, dass ich ihm meine Decke gab. Wie man sieht, trägt er sie gerade. Diese Decke ist im ganzen Land berühmt; jeder weiß, dass sie mir gehört.«

Der Richter wollte wissen: »Er ist dein Freund? Und, stiehlt er?«

Der Meister antwortete: »Niemals! Er kann nicht stehlen. Er ist so ein höflicher Mensch, dass er ›Danke, mein Herr‹ zu mir sagte, als ich ihm die Decke gab. Und als er aus dem Haus ging, machte er ganz leise die Tür hinter sich zu. Er ist ein sehr höflicher, netter Kerl.«

Der Richter meinte daraufhin: »Wenn du das sagst, dann widerlegt das all die Aussagen der Zeugen, die behauptet haben, dass er ein Dieb sei. Er wird freigelassen.«

Der Mystiker ging hinaus und der Dieb folgte ihm.

Der Mystiker fragte ihn: »Was machst du? Wieso kommst du mit mir?«

Dieser antwortete: »Nun kann ich dich nie mehr verlassen. Du hast mich deinen Freund genannt, deinen Partner. Niemand hat mich jemals respektiert. Du bist der Erste, der gesagt hat, dass ich ein höflicher Mensch sei, ein netter Kerl. Ich werde zu deinen Füßen sitzen und lernen, wie du zu sein. Woher hast du diese Reife, diese Macht, diese Kraft, diesen ganz anderen Blick auf die Dinge?«

Der Mystiker antwortete: »Weißt du, wie schlecht ich mich in jener Nacht fühlte? Du warst gegangen – und ohne Decke war es so kalt, dass Schlaf unmöglich war. Ich saß also einfach am Fenster und betrachtete den Vollmond und schrieb ein Gedicht: ›Wenn ich reich genug wäre, hätte ich diesem armen Kerl, der da im Dunkeln gekommen war, um im Haus eines armen Mannes nach etwas zu suchen, diesen vollkommenen Vollmond gegeben. Ich hätte ihm den Mond gegeben, wenn ich reich genug wäre, doch bin ich selber arm.‹ Ich werde dir das Gedicht zeigen, komm mit.

Ich habe in dieser Nacht geweint und gedacht, dass Diebe doch ein paar Dinge lernen sollten. Wenn sie zu einem Mann wie mir kommen, sollten sie das wenigstens ein oder zwei Tage im Voraus ankündigen, damit wir etwas vorbereiten können, sodass sie nicht mit leeren Händen gehen müssen. Und es ist gut, dass du dich vor Gericht an mich erinnert hast; diese Menschen sind gefährlich, sie hätten dich möglicherweise misshandelt. Ich habe dir in jener Nacht angeboten, mit dir zu kommen und dein Partner zu werden, doch du hast dich geweigert. Jetzt möchtest du mit mir kommen! Das ist kein Problem, du kannst gern kommen; was immer ich habe, werde ich mit dir teilen. Doch es ist nichts Materielles, es ist etwas Unsichtbares.«

Der Dieb erwiderte darauf: »Das kann ich spüren – es ist etwas Unsichtbares. Doch du hast mein Leben gerettet, und nun gehört mein Leben dir. Mach damit, was du willst, denn ich habe es bisher einfach nur verschwendet. Nachdem ich dich gesehen und dir in die Augen geblickt habe, ist eines für mich sicher – dass du mich verwandeln kannst. Ich habe mich in jener Nacht verliebt.«

Reife ist für mich ein spirituelles Phänomen.

GEISTIGE REIFE BEDEUTET, DEINEN INNEREN HIMMEL ZU BERÜHREN. Sobald du dich in deinem inneren Himmel niedergelassen hast, hast du eine Heimat gefunden, und eine große Reife entsteht in deinen Handlungen, in deinem Verhalten. Was immer du tust, besitzt Anmut. Was immer du tust, wird zu einem Gedicht. Dein Leben wird zu Poesie, dein Gehen wird zum Tanz, deine Stille wird zu Musik.

Reife bedeutet, dass du nach Hause gekommen bist. Du bist kein Kind mehr, das erwachsen werden muss – du bist erwachsen. Du hast die Höhe deines Potenzials erreicht. Zum ersten Mal bist du auf seltsame Weise nicht da – und doch bist du. Du bist nicht in deinen alten Ideen und Vorstellungen, in deinem alten Verständnis von dir selbst; all das ist den Bach hinabgeflossen. Jetzt entsteht etwas Neues in dir, etwas absolut Neues und Jungfräuliches, das dein ganzes Leben in Freude verwandelt. Du bist für diese elende Welt ein Fremder geworden, denn du erschaffst kein Elend mehr für dich selbst oder für irgendjemand anders. Du lebst dein Leben in absoluter Freiheit, ohne jede Rücksicht darauf, was andere sagen.

Reife bedeutet, dass du nach Hause gekommen bist. Du bist kein Kind mehr, das erwachsen werden muss – du bist erwachsen. Du hast die Höhe deines Potenzials erreicht.

Menschen, die immer auf andere und deren Meinungen achten, sind unreif. Sie hängen von den Meinungen der anderen ab. Sie können nichts authentisch tun, sie können nicht ehrlich sagen, was sie sagen möchten – sie sagen, was die anderen hören wollen. Eure Politiker sagen nur die Dinge, die ihr hören möchtet. Sie versprechen euch, was immer ihr wollt. Sie wissen genau, dass sie diese Versprechen nicht halten können; sie haben auch nicht die Absicht, sie zu halten. Doch wenn sie offen und ehrlich sagen würden, wie die Lage ist, und euch klarmachen würden, dass viele Dinge, die ihr euch wünscht, unmöglich sind, einfach nicht machbar, dann würden sie nicht an die Macht kommen. Ihr würdet keinen Politiker wählen, der ehrlich ist.

Dies ist eine seltsame Welt. Sie ist fast schon ein Irrenhaus. Wenn du in diesem Irrenhaus erwachst und dir deines inneren Wesens bewusst wirst, bist du gesegnet.

❧

Menschen, die immer auf andere und deren Meinungen achten, sind unreif. Sie können nichts authentisch tun, sie können nicht ehrlich sagen, was sie sagen möchten – sie sagen, was die anderen hören wollen.

❧

Die Sieben-Jahres-Zyklen des Lebens

Das Leben folgt einem inneren Muster, und es ist gut, es zu kennen. Die Physiologen sagen, dass Körper und Geist alle sieben Jahre eine Krise und eine Veränderung durchmachen. Alle sieben Jahre verändern sich die gesamten Zellen des Körpers und werden vollständig erneuert. Wenn man siebzig Jahre lang lebt, stirbt der Körper also tatsächlich zehnmal. In jedem siebten Jahr verändert sich alles – es ist wie der Wechsel der Jahreszeiten. Nach siebzig Jahren ist der Zyklus vollendet. Die Linie, die mit der Geburt begann, endet mit dem Tod, und nach siebzig Jahren ist der Kreis vollendet. Dieser Kreis hat zehn Unterteilungen.

Das menschliche Leben sollte eigentlich nicht in Kindheit, Jugend und Alter unterteilt werden. Das ist nicht sehr wissenschaftlich, denn alle sieben Jahre beginnt ein neues Alter, ein neuer Schritt.

In seinen ersten sieben Lebensjahren ist das Kind ichbezogen, egozentrisch, so als wäre es das Zentrum der ganzen Welt. Die ganze Familie dreht sich nur um das Kind. Welche Bedürfnisse es auch hat, sie müssen sofort gestillt werden, sonst bekommt es einen Wutanfall. Es lebt wie ein Kaiser, ein wahrer Kaiser – Mutter, Vater, alle sind Diener und die ganze Familie existiert einzig und allein für das Kind. Und natürlich denkt es, das würde auch für die restliche Welt gelten. Der Mond geht für es auf, die Sonne geht für es auf, die Jahreszeiten wechseln nur für das Kind. Sieben Jahre lang bleibt das Kind absolut ichbezogen, egoistisch. Fragt man Psychologen, so sagen sie, dass ein Kind sieben Jahre lang in einem selbstbefriedigten Zustand lebt, mit sich selbst zufrieden ist. Es braucht nichts und niemand anderen. Es fühlt sich vollständig.

❧

In seinen ersten sieben Lebensjahren ist das Kind ichbezogen. Welche Bedürfnisse es auch hat, sie müssen sofort gestillt werden, sonst bekommt es einen Wutanfall.

❧

Nach sieben Jahren kommt ein Durchbruch. Das Kind ist nicht mehr egozentrisch, es wird buchstäblich exzentrisch. *Exzentrisch* – das bedeutet »außerhalb des Zentrums«. Es bewegt sich auf andere zu. Die anderen werden ein wichtiges Phänomen … Freunde, die Clique … Nun ist das Kind nicht mehr so sehr an sich selbst interessiert; es interessiert sich für die anderen, für die größere Welt. Es stürzt sich in das große Abenteuer, dieses »andere« zu erkunden. Das Erforschen beginnt.

Ab dem siebten Geburtstag wird das Kind ein großer Forscher. Es stellt alles infrage. Es wird ein großer Skeptiker, weil es alles erforschen muss. Es stellt unendlich viele Fragen. Es nervt die Eltern zu Tode und wird zu einer richtigen Plage. Es ist am anderen interessiert, und alles auf der Welt weckt sein Interesse. Warum sind die Bäume grün? Warum hat Gott die Welt erschaffen? Warum ist das so? Es wird mehr und mehr zum Philosophen – voll Forscherdrang und Skepsis –, es besteht darauf, die Dinge auseinander zu nehmen.

Es tötet einen Schmetterling, um sein Inneres zu erforschen; es macht ein Spielzeug kaputt, um herauszufinden, wie es funktioniert; es zerlegt eine Uhr, um festzustellen, wie sie tickt – was passiert da im Inneren? Das Interesse am anderen erwacht – doch nur am anderen desselben Geschlechts. Der Junge ist nicht an Mädchen interessiert. Wenn andere Jungen sich für Mädchen interessieren, hält er sie für Weichlinge. Mädchen interessieren sich nicht für Jungs. Wenn sich ein Mädchen für Jungs interessiert und mit ihnen spielt, ist sie ein Wildfang, kein richtiges Mädchen, nicht normaler Durchschnitt; etwas stimmt nicht. Diese zweite Phase bezeichnen Psychoanalytiker und Psychologen als homosexuell.

Nach dem vierzehnten Lebensjahr öffnet sich eine dritte Tür. Jungen interessieren sich nicht mehr für Jungs, Mädchen nicht mehr für Mädchen. Sie sind höflich zueinander, aber nicht mehr besonders interessiert. Aus diesem Grund sind Freundschaften, die zwischen dem siebten und vierzehnten Lebensjahr entstehen, am tiefsten: weil der Verstand homosexuell orientiert ist. Später im Leben werden nie mehr solche Freundschaften entstehen. Diese Freunde bleiben für immer Freunde, denn die Bindung ist sehr tief. Man wird sich auch später mit anderen Menschen anfreunden, doch es wird nur eine Bekanntschaft bleiben, nicht jenes tiefgehende Phänomen wie zwischen dem siebten und vierzehnten Lebensjahr.

Doch nach dem vierzehnten Lebensjahr ist ein Junge nicht mehr an Jungs interessiert. Wenn alles normal abläuft, wenn er nicht irgendwo hängen bleibt, wird er sich nun für Mädchen interessieren. Nun wird er heterosexuell – nicht nur einfach an anderen interessiert, sondern an »dem Anderen«. Denn wenn ein Junge an anderen Jungen interessiert ist, ist der andere zwar »anders«, aber doch noch ein Junge wie er selbst, nicht wirklich »das Andere«. Erst wenn sich der Junge für Mädchen zu interessieren beginnt, ist er wirklich an seinem Gegenteil interessiert, an dem tatsächlichen »Anderen«. Erst wenn sich das Mädchen für einen Jungen zu interessieren beginnt, kommt die Welt ins Spiel.

Das vierzehnte Lebensjahr ist ein revolutionäres Jahr. Die Sexualität entwickelt sich und man beginnt in sexuellen Begriffen zu denken; sexuelle Fantasien werden zu vorherrschenden Motiven im Traum. Der Junge wird zu einem Don Juan und beginnt den Mädchen den Hof zu machen. Poesie entsteht, die Romantik erwacht. Der Junge betritt die Welt.

❧

Das vierzehnte Lebensjahr ist ein revolutionäres Jahr. Die Sexualität entwickelt sich und man beginnt in sexuellen Begriffen zu denken; sexuelle Fantasien werden zu vorherrschenden Motiven im Traum. Der Junge wird zu einem Don Juan und beginnt den Mädchen den Hof zu machen. Poesie entsteht, die Romantik erwacht. Der Junge betritt die Welt.

❧

Mit einundzwanzig Jahren – wenn alles normal läuft und das Kind nicht von der Gesellschaft gezwungen wird, etwas Unnatürliches zu tun – beginnt sich der Heranwachsende mehr für Ehrgeiz als für Liebe zu interessieren. Er wünscht sich einen Rolls-Royce, einen großen Palast. Er will erfolgreich werden, ein Rockefeller, ein Premierminister. Ehrgeiz tritt in den Vordergrund, Hoffnung auf die Zukunft, Sehnsucht nach Erfolg; erfolgreich zu sein, zu konkurrieren, sich im Kampf durchzusetzen, das sind seine Prioritäten.

Nun betritt er nicht einfach nur die Welt der Natur, er betritt die Welt der Menschen, den Marktplatz. Der Markt wird nun zum vorherrschenden Aspekt. Sein ganzes Wesen konzentriert sich auf den Markt – auf Geld, Macht, Prestige.

Wenn alles gut geht – was allerdings fast nie der Fall ist, ich spreche einfach nur vom natürlichen Ablauf –, dann ist der Mann mit achtundzwanzig Jahren durch die Phase der Abenteuer hindurch. Von einundzwanzig bis achtundzwanzig lebt man Abenteuer; mit achtundzwanzig wird einem klar, dass sich nicht alle Wünsche erfüllen lassen. Man versteht langsam, dass viele Wünsche nicht erfüllbar sind. Wenn man ein Narr ist, kann man weiter hinter ihnen her rennen, doch intelligente Leute gehen mit achtundzwanzig Jahren durch die nächste Tür. Sie sind nun mehr an Sicherheit und Bequemlichkeit interessiert und weniger an Abenteuer und Ehrgeiz. Sie beginnen sesshaft zu werden. Das achtundzwanzigste Jahr ist das Ende des Hippies.

Mit achtundzwanzig Jahren werden aus Hippies Biedermänner, die Revolutionäre sind nun keine Revolutionäre mehr; sie werden sesshaft, sie streben nach einem angenehmen Leben, nach ein bisschen Geld auf der hohen Kante. Sie wollen keine Rockefeller mehr werden – dieser Drang ist vorbei. Sie wünschen sich ein kleines Haus, einen festen, angenehmen Platz für ein sicheres Leben und zumindest ausreichend finanzielle Rücklagen. Um das achtundzwanzigste Lebensjahr herum schließt man eine Lebensversicherung ab. Man beginnt sich niederzulassen. Der Vagabund ist jetzt kein Vagabund mehr. Er kauft ein Haus und beginnt darin zu wohnen; er wird zivilisiert. Das Wort Zivilisation stammt von dem Wort *civis*, Bürger. Er wird jetzt zum Teil einer Gemeinschaft, einer Stadt, einer Gesellschaft. Er ist kein Vagabund mehr, kein Wanderer. Er geht nicht mehr nach Kathmandu oder nach Goa. Er geht nirgendwo mehr hin – das ist vorbei, genug gereist, genug gesehen; jetzt will er sich niederlassen und sich eine Weile ausruhen.

Um das achtundzwanzigste Lebensjahr herum schließt man eine Lebensversicherung ab. Man beginnt sich niederzulassen. Der Vagabund ist jetzt kein Vagabund mehr.

Mit fünfunddreißig Jahren erreicht die Lebensenergie ihren Umkehrpunkt. Der Kreis ist halb vollendet und die Energie beginnt abzunehmen. Jetzt interessiert sich der Mensch nicht mehr nur für Sicherheit und Komfort, er wird nun ein Konservativer, ein Orthodoxer. Nicht nur, dass er nicht mehr an Revolution interessiert ist, er wird nun zum Konterrevolutionär. Er ist jetzt gegen jede Veränderung, er ist ein Konformist. Er ist gegen jede Revolution; er will den Status quo aufrechterhalten, denn er hat sich jetzt etabliert und stabilisiert, und jede Veränderung würde das Ganze ins Wanken bringen. Jetzt ist er gegen Hippies, gegen Rebellen; jetzt ist er wirklich Teil des Establishments geworden.

Und das ist normal – kein Mensch wird ewig ein Hippie bleiben, außer es geht etwas schief. Es ist eine Phase, und es ist gut, sie zu durchlaufen, doch schlecht, darin stecken zu bleiben. Das würde bedeuten, dass man auf einer bestimmten Stufe hängen bleibt. Homosexuell zu sein ist angemessen im Alter zwischen sieben und vierzehn Jahren, doch wenn man sein ganzes Leben lang homosexuell bleibt, bedeutet das, dass man nicht erwachsen geworden ist, nicht zum Mann geworden ist. Der Mann muss Kontakt zu einer Frau aufnehmen, das ist ein Teil des Lebens. Das andere Geschlecht muss wichtig werden, denn nur dann wird man fähig, die Harmonie der Gegensätze zu erfahren, den Konflikt, das Elend und die Ekstase – Verzweiflung und Ekstase gleichermaßen. Es ist eine Übung, ein notwendiges Training.

Mit fünfunddreißig Jahren muss man Teil der konventionellen Welt werden. Man beginnt an die Tradition zu glauben, an die Vergangenheit, an die Veden, den Koran, die Bibel. Man ist absolut gegen Veränderungen, weil jede Veränderung bedeutet, dass das eigene Leben gestört wird, und jetzt hat man viel zu verlieren. Man kann nicht für Revolution sein, denn man möchte etwas schützen. Man ist für Gesetz und Ordnung, für Regierung und Justiz. Man ist kein Anarchist mehr; man ist ganz und gar für die Regierung, für Regeln, Vorschriften und Disziplin.

❧

Mit fünfunddreißig ist man absolut gegen Veränderungen, weil jede Veränderung bedeutet, dass das eigene Leben gestört wird, und jetzt hat man viel zu verlieren.

❧

Ab dem zweiundvierzigsten Jahr beginnen alle möglichen körperlichen und geistigen Krankheiten aufzutauchen, denn nun lässt die Lebenskraft nach. Die Energie bewegt sich auf den Tod zu. So wie am Anfang des Lebens die Energien anstiegen und man immer mehr an Vitalität und Energie zunahm, stärker und stärker wurde, so geschieht nun genau das Gegenteil, man wird jeden Tag schwächer. Doch die Gewohnheiten bleiben gleich. Bis zum Alter von fünfunddreißig hat man ausreichend gegessen; wenn man jetzt genauso weitermacht, wird man langsam Fett ansetzen. Man braucht jetzt nicht mehr so viel Nahrung. Früher wurde sie gebraucht, doch jetzt wird sie nicht mehr gebraucht, denn das Leben bewegt sich auf den Tod zu, es braucht nun nicht mehr so viel Nahrung. Wenn man sich jetzt weiter den Bauch voll schlägt wie früher, werden alle Arten von Beschwerden auftauchen: hoher Blutdruck, Herzinfarkt, Schlaflosigkeit, Magengeschwüre – das alles taucht um die zweiundvierzig herum auf; das Alter von zweiundvierzig ist einer der gefährlichsten Punkte im Leben. Die Haare beginnen auszufallen und grau zu werden. Das Leben bewegt sich auf den Tod zu.

Und um das Alter von zweiundvierzig herum wird Religion zum ersten Mal wichtig. Vielleicht hat man sich vorher hier und da einmal ein bisschen mit Religion beschäftigt, doch jetzt wird sie zum ersten Mal wichtig – denn Religion beschäftigt sich zutiefst mit dem Tod. Jetzt rückt der Tod näher und zum ersten Mal taucht die Sehnsucht nach Religion auf.

Carl Gustav Jung berichtet, dass er sein ganzes Leben lang beobachtet hat, dass Menschen, die im Alter von etwa vierzig Jahren zu ihm kamen, immer das Bedürfnis nach Religion hatten. Wenn sie verrückt werden, neurotisch, psychotisch, kann man ihnen nicht helfen, außer sie verwurzeln sich tief in der Religion. Sie brauchen Religion; Religion ist ihr Grundbedürfnis. Und wenn die Gesellschaft säkularisiert ist und man niemals in Religion unterwiesen wurde, taucht um das Alter von zweiundvierzig Jahren eine ganz große Schwierigkeit auf – denn die Gesellschaft weist einem keinen Weg, keine Tür, keine Richtung.

Die Gesellschaft war gut, als man vierzehn war, denn die Gesellschaft gibt genug Sex – unsere ganze Gesellschaft ist sexuell; Sex scheint diejenige Ware zu sein, die in jeder anderen Ware versteckt ist. Selbst wenn man einen Lastwagen verkaufen will, muss man eine nackte Frau dafür nehmen. Und für Zahnpasta ebenso. Lastwagen oder Zahnpasta, das macht keinen Unterschied: Dahinter steht immer eine lächelnde nackte Frau. In Wirklichkeit wird die *Frau* verkauft. Nicht der Lastwagen wird verkauft, nicht die Zahnpasta wird verkauft – die Frau wird verkauft. Und weil das Lächeln der Frau mit der Zahnpasta verbunden ist, muss man die Zahnpasta ebenfalls kaufen. Überall wird nur Sex verkauft.

Daher ist diese Gesellschaft, eine weltliche Gesellschaft, gut für junge Leute. Doch die Menschen bleiben nicht ewig jung. Wenn sie zweiundvierzig werden, lässt die Gesellschaft sie plötzlich hängen. Jetzt wissen sie nicht, was sie tun sollen. Sie werden neurotisch, weil sie es nicht wissen, weil sie nie darauf vorbereitet wurden, weil ihnen keine spirituelle Unterweisung erteilt wurde, um sich mit dem Tod auseinander setzen zu können. Die Gesellschaft hat sie aufs Leben vorbereitet, aber niemand hat ihnen beigebracht, wie man sich auf den Tod vorbereitet. Es braucht aber ebenso viel Vorbereitung auf den Tod wie auf das Leben.

❧

Wenn die Gesellschaft säkularisiert ist und man niemals in Religion unterwiesen wurde, taucht um das Alter von zweiundvierzig Jahren eine ganz große Schwierigkeit auf – denn die Gesellschaft weist einem keinen Weg, keine Tür, keine Richtung.

❧

Wenn ich bestimmen könnte, würde ich die Universitäten aufteilen: in einen Bereich für junge Menschen und in einen anderen Bereich für die älteren. Die jungen Leute würden kommen, um die Kunst des Lebens zu lernen – Sex, Ehrgeiz, Kampf. Wenn sie dann älter werden und das Alter von zweiundvierzig erreicht haben, kommen sie erneut, um über den Tod zu lernen, über Gott und Meditation – denn nun nützen ihnen die alten Universitäten nichts mehr. Sie brauchen eine ganz neue Ausbildung, eine neue Disziplin, damit sie sich in der neuen Phase, in der sie sich befinden, verankern können.

Diese Gesellschaft lässt sie jedoch in einem Schwebezustand hängen; darum gibt es im Westen so viele psychische Erkrankungen. Das gibt es im Osten nicht im gleichen Maß. Warum? Weil der Osten den Menschen immer noch ein wenig Unterweisung in Religion erteilt. Die Religion ist nicht vollkommen verschwunden; mag sie auch falsch und pseudomäßig sein, so ist sie doch immer noch da und gleich um die Ecke zu finden. Nicht mehr direkt auf dem Marktplatz, nicht mehr im dichtesten Gewühl des Lebens, sondern irgendwo an der Seite – aber immerhin, dort ist ein Tempel. Etwas außerhalb des Lebens, aber immer noch vorhanden. Man muss nur ein paar Schritte gehen und kann sich dorthin zurückziehen, er ist immer noch vorhanden.

Im Westen ist Religion kein Teil des Lebens mehr. Um das zweiundvierzigste Lebensjahr herum hat deshalb jeder westliche Mensch psychische Probleme. Tausende von Neurosen tauchen auf – und Magengeschwüre. Magengeschwüre sind die Fußspuren des Ehrgeizes. Ein ehrgeiziger Mensch muss einfach Magengeschwüre bekommen, denn Ehrgeiz frisst einen auf. Ein Magengeschwür bedeutet nichts anderes, als dass man sich selbst auffrisst. Man ist so angespannt, dass man die eigene Magenschleimhaut auffrisst. Man ist so angespannt und auch der Magen ist so angespannt, dass er sich niemals entspannt. Wenn der Geist angespannt ist, ist auch der Magen angespannt.

Magengeschwüre sind die Fußspuren des Ehrgeizes. Wenn du Magengeschwüre hast, zeigt das, dass du ein sehr erfolgreicher Mensch bist. Wenn du keine Magengeschwüre hast, bist du ein armer Mann; dein Leben war ein Fehlschlag, du hast vollkommen versagt. Wenn du deinen ersten Herzinfarkt im Alter von etwa zweiundvierzig Jahren hast, bist du äußerst erfolgreich. Du musst mindestens ein Minister oder ein reicher Industrieller oder ein berühmter Schauspieler sein; wie willst du sonst den Herzinfarkt erklären? Ein Herzinfarkt ist die Definition von Erfolg.

Alle erfolgreichen Menschen haben einen Herzinfarkt, das ist unausweichlich. Ihr ganzes System ist mit toxischen Elementen belastet: Ehrgeiz, Verlangen, Zukunft, das Morgen, das niemals da ist. Sie haben in ihren Träumen gelebt, und nun wird ihr System nicht länger damit fertig. Sie sind so angespannt im Hinblick auf die Zukunft, dass Spannung zu ihrem Lebensstil geworden ist. Nun ist es eine tief verwurzelte Gewohnheit.

❧

Ein ehrgeiziger Mensch muss einfach Magengeschwüre bekommen, denn Ehrgeiz frisst einen auf. Ein Magengeschwür bedeutet nichts anderes, als dass man sich selbst auffrisst. Magengeschwüre sind die Fußspuren des Ehrgeizes.

❧

Mit zweiundvierzig kommt es also zu einem weiteren Durchbruch. Man beginnt über Religion nachzudenken, über die jenseitige Welt. Das Leben ist einfach zu viel und es bleibt so wenig Zeit – wie kann man da Gott finden, das Nirwana erreichen, Erleuchtung erlangen? Daher die Theorie der Reinkarnation: »Habt keine Angst. Ihr werdet wieder geboren, wieder und wieder, und das Rad des Lebens wird sich immer weiter drehen. Habt keine Angst: Ihr habt genug Zeit, es ist genügend Ewigkeit übrig – ihr könnt euer Ziel erreichen.«

In Indien entstanden drei Religionen – Jainismus, Buddhismus und Hinduismus – und sie stimmen in keinem Punkt überein außer in Bezug auf Reinkarnation. Sie haben so unterschiedliche Theorien und können sich nicht einmal über die grundlegende Natur Gottes oder das Wesen des Selbst einigen ... doch sie alle beinhalten die Theorie der Reinkarnation – da muss also doch etwas dran sein. Sie alle brauchen Zeit, denn um Brahman zu erreichen – Hindus bezeichnen es als Brahman –, braucht es viel Zeit. Es ist so ein hohes Streben und erst im Alter von zweiundvierzig beginnt man sich dafür zu interessieren. Dann sind nur noch achtundzwanzig Jahre übrig.

Und das ist erst der Anfang. Im Alter von zweiundvierzig ist man im Bereich der Religion tatsächlich wieder ein Kind und es bleiben nur noch achtundzwanzig Jahre. Diese Zeit erscheint viel zu kurz und bei weitem nicht ausreichend, um in derartige Höhen zu gelangen – Brahman, wie die Hindus es nennen. Die Jainas sprechen von *Moksha*, vollkommener Freiheit von allem vergangenen Karma. Aber es gab Tausende und Millionen von Leben in der Vergangenheit; wie kann man damit innerhalb von achtundzwanzig Jahren fertig werden? Wie soll man die gesamte Vergangenheit auflösen? Die Vergangenheit ist so umfangreich, gutes und schlechtes Karma – wie soll man seine Sünden innerhalb von nur achtundzwanzig Jahren vollständig auslöschen? Es scheint einfach ungerecht! Gott verlangt zu viel, es ist nicht machbar. Man würde sich vollkommen frustriert fühlen, wenn nur achtundzwanzig Jahre dafür zur Verfügung stünden. Selbst die Buddhisten, die nicht an Gott glauben, die nicht an eine Seele glauben – auch sie glauben an Reinkarnation. Nirwana, die endgültige Leere, die vollkommene Leere … wenn man so viele Leben lang mit Müll angefüllt war, wie soll man sich da innerhalb von achtundzwanzig Jahren leer machen? Das ist zu viel, eine unmöglich zu bewältigende Aufgabe. Daher sind sie sich alle darüber einig, dass es mehr Zukunft braucht, mehr Zeit.

Wann immer du Ehrgeiz besitzt, brauchst du Zeit. Doch für mich ist ein religiöser Mensch ein Mensch, der keine Zeit braucht. Er ist hier und jetzt befreit, er erlangt Brahman hier und jetzt, er ist befreit, erleuchtet, hier und jetzt. Ein religiöser Mensch braucht überhaupt keine Zeit, denn alle Religion geschieht in einem zeitlosen Augenblick. Sie geschieht jetzt, sie geschieht immer jetzt; das war noch niemals anders. Niemals ist es auf irgendeine andere Art und Weise geschehen.

Im Alter von zweiundvierzig entsteht also der erste Drang, noch vage und undeutlich, verwirrt. Du bist dir noch nicht einmal bewusst, was geschieht, doch du beginnst mit neu erwachtem Interesse den Tempel zu betrachten. Manchmal kommst du auch als zufälliger Besucher in den Gottesdienst. Manchmal – wenn du gerade Zeit und nichts anderes zu tun hast – beginnst du in der Bibel zu lesen, die bisher im Regal verstaubte. Vage und undeutlich, so wie das kleine Kind, das noch nichts von Sexualität weiß, mit seinen Sexualorganen zu spielen beginnt, ohne zu wissen, was es da tut. Ein vager Drang ... Manchmal setzt man sich allein in der Stille hin und fühlt sich plötzlich voll Frieden, ohne zu wissen, was man da tut. Manchmal beginnt man ein Mantra zu wiederholen, das man in der Kindheit einmal gehört hat. Die alte Großmutter pflegte das zu tun, und wenn man angespannt ist, beginnt man es vor sich hin zu sagen. Man begibt sich auf die Suche, man beginnt einen Guru zu suchen, jemanden, der einen führt. Man lässt sich einweisen, beginnt ein Mantra zu lernen, sagt es von Zeit zu Zeit auf, vergisst es für ein paar Tage, wiederholt es dann wieder ... es ist eine vage Suche, unklar und tastend.

Mit neunundvierzig Jahren wird die Suche klarer; sieben Jahre dauert es, bis die Suche klar wird. Jetzt taucht Entschlossenheit auf. Man ist jetzt nicht mehr an den anderen interessiert, vor allem, wenn alles richtig gelaufen ist – und ich muss das wieder und wieder erwähnen, denn es läuft niemals richtig –, dann ist der Mann ab dem Alter von neunundvierzig Jahren nicht mehr an Frauen interessiert. Und die Frau interessiert sich nicht mehr für Männer – sie hat jetzt ihre Menopause, mit neunundvierzig. Der Mann fühlt sich nicht mehr sexuell. Die ganze Sache erscheint einem jetzt leicht juvenil, sie wirkt leicht unreif.

Doch die Gesellschaft kann einem bestimmte Dinge aufzwingen ... Im Osten war man immer gegen Sexualität und hat sie unterdrückt. Wenn ein Junge vierzehn Jahre alt ist, unterdrücken sie seine Sexualität und wollen glauben, dass der Junge noch ein Kind ist, dass er nicht an Mädchen denkt. Andere Jungen vielleicht – solche Jungen findet man immer in der Nachbarschaft –, doch niemals der eigene Junge; er ist unschuldig wie ein Kind, wie ein Engel. Und er wirkt auch sehr unschuldig, doch es ist nicht echt – im Innern hat er bereits seine Fantasien. Die Mädchen sind bereits in sein Bewusstsein vorgedrungen, das muss so sein, es ist natürlich – doch er muss es verbergen. Er beginnt zu masturbieren und muss es verbergen. Er hat feuchte Träume und muss es verbergen.

Im Osten beginnt sich ein vierzehnjähriger Junge schuldig zu fühlen. Etwas Falsches, etwas Schlechtes passiert mit ihm – und nur mit ihm, denn er kann nicht wissen, dass alle überall das Gleiche durchmachen. Und so viel wird von ihm erwartet – dass er ein Engel bleiben soll, jungfräulich, dass er nicht an Mädchen denken soll, dass er nicht einmal von ihnen träumen soll. Aber sein Interesse ist bereits geweckt – und die Gesellschaft unterdrückt es.

Im Westen ist diese Art von Unterdrückung verschwunden, dafür ist jedoch eine andere Art von Unterdrückung entstanden. Und das muss man verstehen, denn meiner Ansicht nach kann eine Gesellschaft niemals ohne Unterdrückung sein. Wenn sie die eine Art von Unterdrückung aufgibt, entsteht unmittelbar eine andere. Nun geschieht die Unterdrückung im Westen ab dem Alter von neunundvierzig Jahren. Die Menschen werden gezwungen, sexuell aktiv zu bleiben, denn die gängige Meinung ist: »Ein Mann kann bis ins hohe Alter von neunzig Jahren sexuell potent bleiben!« Große Autoritäten sagen das. Und wenn du nicht mehr potent bist und auch kein Interesse daran hast, beginnst du dich schuldig zu fühlen. Im Alter von neunundvierzig Jahren beginnt sich ein Mann schuldig zu fühlen dafür, dass er sexuell nicht mehr so aktiv ist, wie er sein sollte.

❧

Die Gesellschaft kann niemals ohne Unterdrückung sein. Wenn sie die eine Art von Unterdrückung aufgibt, entsteht unmittelbar eine andere. Nun geschieht die Unterdrückung im Westen ab dem Alter von neunundvierzig Jahren: Die Menschen werden gezwungen, sexuell aktiv zu bleiben. Und der Mann beginnt sich schuldig zu fühlen, dass er sexuell nicht mehr so aktiv ist, wie er sein sollte.

❧

Und es gibt Lehrer, die ihm immer wieder sagen: »Das ist Unsinn. Du kannst sexuell aktiv bleiben bis ins Alter von neunzig Jahren. Bleibe sexuell aktiv.« Und sie sagen, dass man seine Potenz verliert, wenn man sexuell nicht aktiv bleibt; wenn man hingegen weitermacht, werden auch die Sexualorgane weiter funktionieren. Wenn man aufhört, werden sie schwach. Und wenn man sein Sexualleben aufgibt, wird bald die Lebensenergie nachlassen, und man stirbt. Wenn der Ehemann aufhört, rennt die Frau hinter ihm her: »Was machst du denn?« Wenn die Ehefrau aufhört, rennt der Mann hinter ihr her: »Das widerspricht dem, was die Psychologen sagen, und es könnte zu irgendeiner Perversion führen.«

Im Osten haben wir immer die eine Dummheit begangen, und auch der Westen hat in der Vergangenheit dieselbe Dummheit begangen. Es war gegen die Religion, wenn ein Vierzehnjähriger sexuell potent wurde – dabei geschieht es von Natur aus. Der Jugendliche kann nichts dagegen tun, er hat keine Kontrolle darüber. Was kann er schon tun? Alle Lehren über Enthaltsamkeit im Alter von vierzehn Jahren sind reine Dummheit und dienen nur dazu, die Menschen zu unterdrücken. Doch die alten Autoritäten, Traditionen, Gurus, Psychologen und religiösen Menschen – sie waren alle gegen Sex, alle Autoritäten waren gegen Sex. Das Kind wurde unterdrückt, Schuld entstand. Die Natur durfte sich nicht entfalten.

Nun geschieht am anderen Ende das genaue Gegenteil davon. Im Alter von neunundvierzig werden die Menschen von den Psychologen gezwungen, sexuell aktiv zu bleiben; sonst würden sie an Lebenskraft verlieren. Doch wie im Alter von vierzehn die Sexualität ganz natürlich auftaucht, so verschwindet sie im Alter von neunundvierzig ganz natürlich wieder. Das muss so sein, denn jeder Kreis muss sich vollenden.

❧

So wie im Alter von vierzehn die Sexualität ganz natürlich auftaucht, so verschwindet sie im Alter von neunundvierzig ganz natürlich wieder. Das muss so sein, denn jeder Kreis muss sich vollenden.

❧

Darum haben wir in Indien entschieden, dass ein Mann im Alter von fünfzig Jahren ein *Vanprasth* werden sollte, dass er die Augen zum Wald hin richten und dem Marktplatz den Rücken zuwenden sollte. *Vanprasth* ist ein wunderbares Wort; es bezeichnet jemanden, der in Richtung Himalaja zu blicken beginnt, in Richtung Berge und Wald. Er wendet dem Leben, dem Ehrgeiz, dem Verlangen und all dem den Rücken zu – es ist zu Ende. Er bewegt sich in Richtung Alleinsein, hin zu sich selbst.

Zuvor war das Leben zu geschäftig und er konnte nie allein sein; er musste seinen Verpflichtungen nachkommen und die Kinder aufziehen. Jetzt sind sie erwachsen. Sie sind verheiratet – wenn man neunundvierzig ist, sind die Kinder dabei, zu heiraten und sich niederzulassen. Sie sind keine Hippies mehr, sie erreichen schon langsam das Alter von achtundzwanzig. Sie lassen sich nieder – und man kann sich jetzt wieder auf den Weg machen. Man kann jetzt über das Zuhause hinausgehen, kann das Zuhause hinter sich lassen. Im Alter von neunundvierzig sollte man beginnen, in Richtung des Waldes zu blicken, sich nach innen zu wenden, introvertiert zu werden, mehr und mehr meditativ und andächtig zu werden.

Im Alter von sechsundfünfzig kommt wieder eine Veränderung, eine Revolution. Jetzt ist es nicht mehr genug, in Richtung Himalaja zu blicken; nun muss man wirklich reisen, nun muss man gehen. Das Leben geht seinem Ende zu, der Tod rückt näher. Im Alter von neunundvierzig verliert man das Interesse am anderen Geschlecht. Im Alter von sechsundfünfzig sollte man das Interesse an den anderen verlieren, an der Gesellschaft, den sozialen Verpflichtungen, dem Club. Im Alter von sechsundfünfzig sollte man sich aus dem Rotary oder dem Lions Club zurückziehen; das wirkt nun dumm und kindisch. Geh mal zu einem Rotary oder Lions Club und beobachte die Leute mit ihren Krawatten und allem – es wirkt einfach kindisch. Was machen sie denn da? Lions – schon der Name wirkt idiotisch. Für kleine Kinder vielleicht – für Kinder gibt es jetzt die »Cub«-Clubs und für Frauen die »Lioness«-Clubs. Für Löwenkinder mag es ja vollkommen angemessen sein, doch für Löwen und Löwinnen? Es zeigt, dass ihr Verstand mittelmäßig ist.

Im Alter von sechsundfünfzig sollte man reif genug sein, um sich aus allen gesellschaftlichen Verstrickungen zu befreien. Genug! Man hat genug gelebt, genug gelernt; jetzt bedankt man sich bei allen und löst sich davon. Sechsundfünfzig ist das Alter, in dem man von Natur aus Sannyasin werden sollte. Man sollte *Sannyas* nehmen und alles hinter sich lassen, das ist natürlich – so wie man ins Leben eintritt, so sollte man es auch wieder hinter sich lassen. Das Leben sollte einen Eingang und auch einen Ausgang haben; sonst wirkt es erstickend. Sonst betritt man es und kommt nicht mehr heraus und sagt dann, dass man darin erstickt und Qualen leidet. Es gibt einen Ausgang, und der ist *Sannyas* – man zieht sich von der Gesellschaft zurück. Im Alter von sechsundfünfzig ist man an den anderen nicht mehr interessiert.

Im Alter von dreiundsechzig wird man wieder wie ein Kind, das nur an sich selbst interessiert ist. Das ist Meditation – eine Bewegung nach innen, als ob alles andere weggefallen wäre und nur noch du selbst existierst. Du bist wieder zum Kind geworden – natürlich vom Leben bereichert, reif, voller Verständnis, voller Intelligenz. Nun wirst du wieder unschuldig. Du beginnst dich nach innen zu bewegen. Nur sieben Jahre sind noch übrig, und du musst dich auf den Tod vorbereiten. Du musst dich bereitmachen zu sterben.

Und worin besteht die Bereitschaft zum Sterben? Sie besteht darin, feiernd zu sterben. Sie besteht darin, glücklich, fröhlich, willig zu sterben und den Tod willkommen zu heißen. Gott gab dir eine Gelegenheit, zu lernen, zu sein, und du hast gelernt. Nun möchtest du dich ausruhen. Nun möchtest du zu deinem eigentlichen Zuhause zurückkehren. Es war ein Aufenthalt in der Fremde. Du bist in einem fremden Land gewandert, hast mit fremden Leuten gelebt, hast Fremde geliebt und viel gelernt. Jetzt ist die Zeit für den Prinzen gekommen, in sein eigenes Königreich zurückzukehren.

Dreiundsechzig ist das Alter, in dem man sich vollständig in sich selbst verschließt. Die gesamte Energie bewegt sich nach innen, immer mehr und immer weiter nach innen. Man wird zu einem Kreis aus Energie, die sich nirgendwo mehr hin bewegt. Kein Lesen, wenig Unterhaltung. Mehr und mehr Stille, mehr und mehr Zeit mit sich selbst, vollkommen unabhängig von allem um einen herum. Die Energie lässt mehr und mehr nach.

Im Alter von siebzig ist man bereit. Und wenn du diesem natürlichen Muster gefolgt bist, wirst du kurz vor deinem Tod – neun Monate vor deinem Tod – spüren, dass sich der Tod dir jetzt nähert. So wie ein Kind neun Monate im Schoß der Mutter verbringt, so wiederholt sich derselbe Kreis noch einmal, wiederholt sich vollständig bis ins letzte Detail. Neun Monate, bevor der Tod kommt, wirst du dir dessen bewusst werden. Nun betrittst du wieder den Schoß. Dieser Schoß ist nicht mehr in der Mutter, er ist in dir selbst.

Die Inder nennen den innersten Schrein eines Tempels *Garbha*, Schoß. Wenn man in einen Tempel geht, wird der innerste Teil als Schoß bezeichnet. Das ist eine sehr symbolische Bezeichnung, die ganz bewusst gewählt wurde; denn das ist der Schoß, in den man sich begeben muss. In der letzten Lebensphase – den letzten neun Monaten – zieht man sich in sich selbst zurück, der eigene Körper wird zum Schoß. Man begibt sich in den innersten Schrein, in dem die Flamme immer am Brennen war, in dem das Licht immer leuchtete, wo sich der Tempel befindet, wo Gott sich immer aufhielt. Das ist der normale, natürliche Prozess.

Für diesen natürlichen Prozess braucht es keine Zukunft. Man muss einfach in *diesem* Augenblick natürlich leben. Der nächste Augenblick wird von allein daraus entstehen. So wie ein Kind heranwächst und zum Jugendlichen wird – man muss es nicht planen, es geschieht einfach; es ist natürlich, es geschieht von allein. So wie ein Fluss irgendwann zum Ozean kommt – auf dieselbe Weise fließt du und kommst zum Ende, zum Ozean. Doch du musst natürlich bleiben, fließend und im Augenblick. Sobald du anfängst, über die Zukunft nachzudenken, über ehrgeizige Ziele und Wünsche, übersiehst du den Augenblick. Und dieser fehlende Augenblick wird Probleme verursachen, denn es wird dir immer an etwas mangeln, es wird eine Lücke vorhanden sein.

❧

Man muss einfach in »diesem« Augenblick natürlich leben.
Der nächste Augenblick wird von allein daraus entstehen.
So wie ein Kind heranwächst und zum Jugendlichen wird –
man muss es nicht planen, es geschieht einfach;
es ist natürlich, es geschieht von allein.

❧

Wenn ein Kind seine Kindheit nicht richtig gelebt hat, wird diese ungelebte Kindheit in seine Jugend eindringen – denn wohin sollte sie sonst gehen? Sie muss gelebt werden. Wenn ein Kind vier Jahre alt ist und tanzt und hüpft und herumrennt und nach Schmetterlingen jagt, ist das wunderschön. Doch wenn ein junger Mann mit zwanzig Jahren nach Schmetterlingen jagt, ist er verrückt – dann steckt man ihn ins Irrenhaus, dann ist er geistesgestört. Im Alter von vier Jahren war nichts daran verkehrt; es war einfach natürlich, es war angemessen. Es war richtig – wenn ein Kind nicht nach Schmetterlingen jagt, ist es nicht normal und muss zum Psychoanalytiker gebracht werden. In diesem Alter war es in Ordnung. Doch wenn jemand zwanzig ist und nach Schmetterlingen jagt, muss man annehmen, dass etwas schief gelaufen ist, dass er nicht erwachsen geworden ist. Der Körper ist gewachsen, doch der Verstand hinkt hinterher. Er muss irgendwo in der Kindheit hängen geblieben sein – er durfte sie nicht vollständig leben. Wenn ein Kind seine Kindheit vollständig gelebt hat, wird es zu einem jungen Mann werden, der schön, frisch und nicht von der Kindheit verseucht ist. Er wird seine Kindheit abstreifen, wie eine Schlange ihre alte Haut abstreift. Er wird frisch und neu aus ihr auftauchen. Er wird die Intelligenz eines jungen Mannes haben und nicht zurückgeblieben wirken.

Lebe deine Jugend vollständig. Höre nicht auf die alten Autoritäten, lass sie einfach fallen. Höre nicht auf sie, denn sie töten die Jugend ab, sie unterdrücken die Jugend. Sie sind gegen Sexualität, und wenn eine Gesellschaft gegen Sex ist, wird sich die Sexualität über das ganze Leben ausbreiten, sie wird zum Gift. Lebe sie! Genieße sie!

Zwischen vierzehn und einundzwanzig ist ein junger Mann auf dem Höhepunkt seiner sexuellen Kraft. Tatsächlich erreicht er seinen Höhepunkt im Alter von etwa siebzehn, achtzehn Jahren. Danach wird er niemals mehr so potent sein, und wenn er diese Zeit versäumt, wird er niemals mehr den wunderbaren Orgasmus erreichen, den er im Alter von siebzehn oder achtzehn hätte erreichen können.

Ich bin ständig in Schwierigkeiten, weil euch die Gesellschaft zwingt, mindestens bis einundzwanzig enthaltsam zu bleiben – und das bedeutet, dass das beste Alter, um die Sexualität kennen zu lernen, sich damit auseinander zu setzen, darin zum Meister zu werden, versäumt wird. Wenn man erst einmal einundzwanzig, zweiundzwanzig ist, ist man bereits alt, was die Sexualität betrifft. So etwa mit siebzehn war man auf dem Höhepunkt – so potent, so kraftvoll, dass der Orgasmus, der sexuelle Orgasmus, sich bis in alle Zellen hätte ausbreiten können. Der ganze Körper hätte dabei in ewiger Seligkeit gebadet. Und wenn ich davon spreche, dass Sex zu *Samadhi* führen kann, zum höheren Bewusstsein, dann denkt daran, dass ich das nicht zu Siebzigjährigen sage! Ich sage es zu Siebzehnjährigen. Es gibt ein Buch von mir: »Vom Sex zum kosmischen Bewusstsein«; alte Männer sind zu mir gekommen und haben gesagt: »Wir haben dein Buch gelesen, aber wir können nichts Entsprechendes erreichen.« Wie könnten sie auch? Sie haben den richtigen Zeitpunkt versäumt und er kann nicht nachgeholt werden. Doch ich bin nicht dafür verantwortlich; eure Gesellschaft ist dafür verantwortlich – und ihr habt auf sie gehört.

❧

Und wenn ich davon spreche, dass Sex zu »Samadhi« führen kann, zum höheren Bewusstsein, dann denkt daran, dass ich das nicht zu Siebzigjährigen sage! Ich sage es zu Siebzehnjährigen.

❧

Wenn ein Heranwachsender im Alter zwischen vierzehn und einundzwanzig freien Sex haben darf, absolut freien Sex, wird er sich später nicht mehr zwanghaft damit beschäftigen. Er wird vollkommen frei sein. Er wird sich keine *Playboy*- und *Playgirl*-Magazine anschauen. Er wird keine hässlichen, obszönen Fotos im Schrank oder in der Bibel verstecken. Er wird sich nicht die Mühe machen, Frauen hinterherzulaufen, er wird nicht zum Pokneifer werden. All das ist hässlich, einfach hässlich – aber ihr toleriert es und erkennt gar nicht, was hier vor sich geht, warum alle so neurotisch sind.

Wenn du eine Gelegenheit bekommst, dich gegen den Körper einer Frau zu pressen, lässt du dir das nicht entgehen – wie hässlich! Warum willst du dich gegen einen anderen Körper pressen? – Irgendetwas in dir ist wohl unerfüllt geblieben. Und wenn ein alter Mann mit lüsternen Augen schaut, gibt es nichts, was damit vergleichbar wäre; es ist das Hässlichste auf der Welt, wenn ein alter Mann lüstern blickt. Seine Augen sollten unschuldig sein, er sollte damit abgeschlossen haben. Nicht weil Sex etwas Hässliches ist – denkt daran, ich sage nicht, Sex ist hässlich. Sex ist wunderbar zu seiner eigenen Zeit und hässlich, wenn seine Zeit vorbei ist. Sex ist eine Krankheit, wenn er bei einem Neunzigjährigen auftritt. Darum sprechen die Leute in so einem Fall von einem »schmutzigen alten Kerl«. Es *ist* schmutzig.

❧

Wenn ein Heranwachsender im Alter zwischen vierzehn und einundzwanzig freien Sex haben darf, absolut freien Sex, wird er sich später nicht mehr zwanghaft damit beschäftigen. Er wird vollkommen frei sein. Er wird sich keine »Playboy«- und »Playgirl«-Magazine anschauen. Er wird keine hässlichen, obszönen Fotos im Schrank oder in der Bibel verstecken.

❧

Ein junger Mann ist schön in seiner Sexualität. Er zeigt Vitalität, Lebenskraft. Wenn ein alter Mann sexuell ist, zeigt er ungelebtes Leben, ein leeres Leben, Unreife. Er hat seine Gelegenheit verpasst und kann jetzt nichts mehr tun, aber er denkt weiter an Sex, er spinnt sich etwas im Kopf zurecht, er fantasiert.

❧

Ein junger Mann ist schön in seiner Sexualität. Er zeigt Vitalität, Lebenskraft. Wenn ein alter Mann sexuell ist, zeigt er ungelebtes Leben, ein leeres Leben, Unreife. Er hat seine Gelegenheit verpasst und kann jetzt nichts mehr tun, aber er denkt weiter an Sex, er spinnt sich etwas im Kopf zurecht, er fantasiert.

❧

Denkt daran, eine gesunde Gesellschaft würde zwischen dem vierzehnten und dem einundzwanzigsten Lebensjahr vollkommene sexuelle Freiheit gewähren. Und dadurch wäre die Gesellschaft automatisch weniger sexuell, denn nach einer bestimmten Zeit würde es keinen Sex mehr geben. Der krankhafte Sex würde verschwinden – man würde die Sexualität leben, wenn der Moment reif ist, und sie vergessen, wenn der Augenblick vorüber ist. Aber das ist nur möglich, wenn man sie wirklich gelebt hat; sonst kann man nicht vergessen und nicht vergeben. Man wird sich festklammern und es wird zu einer inneren Wunde werden.

Hört nicht auf die Autoritäten im Osten, was immer sie auch sagen. Hört auf die Natur – wenn die Natur sagt, es ist Zeit zum Lieben, dann liebt. Wenn die Natur sagt, es ist Zeit, den Sex aufzugeben, dann gebt ihn auf. Und hört auch nicht auf die dummen Psychoanalytiker und Psychologen im Westen. Wie raffiniert die Instrumente und Vorgehensweisen von Masters und Johnson und all den anderen auch sind und wie viele Vaginen sie auch untersucht und getestet haben, sie wissen nichts über das Leben.

Im Grunde vermute ich, dass alle diese Masters und Johnsons und Kinseys Voyeure sind. Sie sind selbst krank in Bezug auf Sex; wer würde sich sonst schon die Mühe machen, tausend Vaginen mit Instrumenten zu überprüfen – zu beobachten, was in einer Frau beim Liebesakt passiert? Wen kümmert das schon? Was für ein Unsinn! Doch wenn die Dinge pervertiert werden, dann passieren solche Sachen. Dann werden die Masters und Johnsons zu den Experten, den höchsten Autoritäten. Wenn du sexuelle Probleme hast, sind sie die höchste Autorität, an die du dich wenden kannst. Doch ich vermute, sie haben ihre Jugend verpasst und ihre Sexualität nicht richtig gelebt.

Irgendwo fehlt etwas, und jetzt versuchen sie den Mangel durch solche Tricks auszugleichen.

❧

Im Grunde vermute ich, dass alle diese Masters und Johnsons und Kinseys Voyeure sind. Sie sind selbst krank in Bezug auf Sex; wer würde sich sonst schon die Mühe machen, tausend Vaginen mit Instrumenten zu überprüfen – zu beobachten, was in einer Frau beim Liebesakt passiert? Wen kümmert das schon?

❧

Und wenn man im Gewand der Wissenschaft auftritt, kann man praktisch alles machen. Jetzt hat man sogar künstliche, elektrische Penisse hergestellt und diese Penisse bewegen sich in einer wirklichen Vagina, und man versucht herauszufinden, was dabei im Inneren passiert, ob der Orgasmus klitoral oder vaginal ist und welche Hormone dabei fließen oder nicht fließen und wie lange eine Frau zum Liebesakt fähig ist. Es heißt, bis ganz zum Ende – selbst auf ihrem Sterbebett kann eine Frau noch den Sexualakt vollziehen.

Tatsächlich sagen die Wissenschaftler, dass eine Frau nach der Menopause eine bessere Sexualität haben kann als je zuvor – das heißt also, im Alter nach neunundvierzig. Wie kommen sie darauf? Weil, wie sie sagen, eine Frau vor diesem Alter immer Angst hat, schwanger zu werden. Selbst wenn sie die Pille nimmt, hat sie immer noch Angst, denn auch die Pille ist nicht hundertprozentig sicher. Mit neunundvierzig, wenn die Wechseljahre kommen und die Periode aufhört, ist keine Angst mehr da; die Frau ist vollkommen frei. Wenn sich diese Ansichten verbreiten, dann werden Frauen zu Vampiren werden, und alte Frauen werden den Männern nachjagen, weil sie jetzt keine Angst mehr haben und die Autoritäten es erlauben. Tatsächlich sagen sie, diese Zeit sei die beste, um es zu genießen – ohne jede Verantwortung.

Und für Männer behaupten sie dasselbe. Sie haben einen Mann gefunden, der mit sechzig Jahren noch fünfmal am Tag Sex haben kann. Dieser Mann scheint ein Freak zu sein. Etwas ist nicht normal mit seinen Hormonen und seinem Körper. Im Alter von sechzig! Er ist nicht normal, denn so, wie ich es sehe – und das sage ich aus eigener Erfahrung aus vielen Leben, denn ich kann mich daran erinnern –, ist ein normaler Mann ab neunundvierzig nicht mehr an Frauen interessiert; das Interesse lässt einfach nach. So wie es kommt, so geht es auch wieder.

Alles, was kommt, muss auch wieder gehen. Alles, was steigt, muss auch wieder fallen. Jede Welle, die sich auftürmt, muss wieder zurückfluten; zu irgendeinem Zeitpunkt muss sie sich wieder auflösen. Mit vierzehn kommt sie, um neunundvierzig herum geht sie wieder. Doch wenn ein Mann mit sechzig noch fünfmal am Tag Sex hat, ist irgendetwas verkehrt. Und zwar sehr, sehr verkehrt; sein Körper funktioniert nicht richtig. Es ist das Gegenteil von Impotenz, das andere Extrem. Wenn ein Junge mit vierzehn sich nicht sexuell fühlt, wenn ein junger Mann mit achtzehn keine Begierden hat, stimmt etwas nicht – er muss sich behandeln lassen. Wenn ein Mann mit sechzig fünfmal am Tag Sex braucht, ist ebenfalls etwas verkehrt. Sein Körper ist durchgedreht; er funktioniert nicht normal und natürlich.

Wenn du vollkommen im Augenblick lebst, brauchst du dir keine Gedanken um die Zukunft zu machen. Eine richtig gelebte Kindheit führt dich zu einer richtigen, vollkommenen Jugend – fließend, vital, lebendig, ein wilder Ozean voll Energie. Eine richtig gelebte Jugend führt dich zu einem sesshaften, ruhigen, beschaulichen Leben. Ein ruhiges und beschauliches Leben führt dich zu einer religiösen Suche: Was ist das Leben? Einfach nur zu leben ist nicht genug, man muss das Mysterium erkunden. Ein ruhiges und beschauliches Leben bringt dir meditative Momente. Meditation bringt dich dazu, all das aufzugeben, was jetzt nutzlos geworden ist, Abfall, Schrott. Das ganze Leben wird Abfall; nur eines bleibt immer und ewig wertvoll, und das ist deine Bewusstheit.

Im Alter von siebzig Jahren, wenn du bereit bist zu sterben – wenn du immer richtig gelebt hast, in jedem Augenblick, ohne etwas auf die Zukunft zu verschieben, ohne dir etwas für die Zukunft zu erträumen, wenn du vollständig im Augenblick gelebt hast, was auch immer es war –, dann wirst du dir neun Monate vor deinem Tod dessen bewusst werden. Du hast so viel Bewusstheit erlangt, dass du erkennen kannst, dass der Tod jetzt kommt.

Viele Heilige haben ihren Tod vorausgesagt, doch ich habe noch von keinem einzigen gehört, der ihn länger als neun Monate vorausgesagt hätte. Genau neun Monate vorher kann ein Mensch mit Bewusstheit, der nicht in der Vergangenheit versunken ist, es erkennen ... denn jemand, der niemals an die Zukunft denkt, wird auch niemals an die Vergangenheit denken. Diese beiden gehören zusammen; Vergangenheit und Zukunft gehören zusammen. Wenn du an die Zukunft denkst, ist es nichts anderes als eine Projektion der Vergangenheit; wenn du an die Vergangenheit denkst, ist es nichts als ein Versuch, für die Zukunft zu planen – sie gehören zusammen. Die Gegenwart befindet sich außerhalb von beidem – und ein Mensch, der hier und jetzt in diesem Augenblick lebt, ist nicht voll gestopft mit Vergangenheit und Zukunft, er ist unbelastet. Er hat keine Bürde zu tragen, er bewegt sich ohne Gewicht. Die Schwerkraft wirkt nicht auf ihn. Tatsächlich geht er nicht, er fliegt. Er hat Flügel. Und bevor er stirbt, genau neun Monate vorher, wird ihm bewusst werden, dass der Tod sich nähert.

❧

Ein Mensch, der hier und jetzt in diesem Augenblick lebt, ist nicht voll gestopft mit Vergangenheit und Zukunft, er ist unbelastet. Er hat keine Bürde zu tragen, er bewegt sich ohne Gewicht. Die Schwerkraft wirkt nicht auf ihn. Tatsächlich geht er nicht, er fliegt. Er hat Flügel.

❧

Und er wird sich freuen und wird feiern und zu den Menschen sagen: »Mein Schiff nähert sich und ich bin nur noch eine kleine Weile hier an diesem Ufer. Sehr bald schon werde ich in meine Heimat zurückkehren. Das Leben war schön, eine wunderbare und seltsame Erfahrung. Ich habe viel geliebt, gelernt, gelebt, ich fühle mich bereichert. Ich bin mit nichts hierher gekommen und ich gehe mit viel Erfahrung, mit viel Reife.« Er wird für alles dankbar sein, was geschehen ist – Gutes und Schlechtes, Richtiges und Falsches, denn er hat aus allem gelernt. Nicht nur aus dem Richtigen, sondern auch aus dem Falschen – er hat von den Weisen gelernt, die er getroffen hat, und auch von den Sündern. Sie alle haben ihm geholfen. Menschen, die ihn beraubt haben, Menschen, die ihn unterstützt haben, sie alle haben ihm geholfen. Die Menschen, die seine Freunde waren, und die Menschen, die seine Feinde waren, haben ihm geholfen – sie alle haben geholfen. Sommer und Winter, Sattheit und Hunger, alles hat geholfen. Man kann für alles dankbar sein.

Wenn man für alles dankbar ist und bereit ist zu sterben, wenn man die Gelegenheit feiert, die einem gegeben wurde, dann wird der Tod schön. Dann ist der Tod nicht der Feind, sondern der größte Freund, denn er ist der

Höhepunkt des Lebens. Er ist der höchste Punkt, den das Leben erreichen kann. Er ist nicht das Ende, er ist der Höhepunkt. Er sieht nur wie das Ende aus, weil du das Leben nicht wirklich kennst – für jemanden, der das Leben wirklich kennt, ist es der eigentliche Höhepunkt, der Gipfel, der höchste Punkt.

Der Tod ist die absolute Kulmination, die Erfüllung. Das Leben endet nicht darin; tatsächlich erblüht das Leben darin – der Tod ist die Blüte. Aber um die Schönheit des Todes zu erkennen, muss man bereit für ihn sein, muss man die Kunst erlernen.

❧

Wenn man für alles dankbar ist und bereit ist zu sterben,
wenn man die Gelegenheit feiert, die einem gegeben wurde,
dann wird der Tod schön. Dann ist der Tod nicht der Feind,
sondern der größte Freund, denn er ist der Höhepunkt
des Lebens.

❧

Die reife Beziehung

Abhängigkeit, Unabhängigkeit, Interdependenz

Die Liebe hat drei Dimensionen. Die erste ist Abhängigkeit; sie ist das, was die Mehrheit der Menschen erlebt. Der Ehemann ist abhängig von seiner Frau, die Frau ist abhängig von ihrem Mann; sie beuten sich gegenseitig aus, sie dominieren einander, sie besitzen einander, sie reduzieren sich gegenseitig zu einer Ware. Das ist es, was in neunundneunzig Prozent aller Fälle passiert. Aus diesem Grund öffnet die Liebe, die doch die Tore des Paradieses öffnen könnte, nur die Tore der Hölle.

Die zweite Möglichkeit ist Liebe zwischen zwei unabhängigen Menschen. Auch das geschieht ab und zu. Aber auch das führt ins Elend, denn dann herrscht andauernder Konflikt. Es ist keine Anpassung möglich; beide sind unabhängig und keiner ist bereit zu Kompromissen, zu einer Anpassung an den anderen.

Mit Poeten, Künstlern, Denkern, Wissenschaftlern, all den Menschen, die auf eine gewisse Art unabhängig sind, zumindest geistig, lässt sich nur sehr schwer leben. Sie sind zu exzentrisch. Sie geben dem anderen Freiheit, doch ihre Freiheit wirkt mehr wie Gleichgültigkeit.

Mit Poeten, Künstlern, Denkern, Wissenschaftlern, all den Menschen, die auf eine gewisse Art unabhängig sind, zumindest geistig, lässt sich nur sehr schwer leben. Sie sind zu exzentrisch. Sie geben dem anderen Freiheit, doch ihre Freiheit wirkt mehr wie Gleichgültigkeit, mehr, als würde es sie nicht kümmern, als wäre es ihnen nicht wichtig. Sie lassen den anderen in seinem eigenen Raum. Die Beziehung scheint nur oberflächlich zu sein; sie haben Angst, tiefer aufeinander einzugehen, weil sie auf ihre Freiheit mehr Wert legen als auf Liebe und keine Kompromisse schließen wollen.

Die dritte Möglichkeit ist die der Interdependenz. Das geschieht nur sehr selten, doch wenn es geschieht, gelangt ein Stück Paradies auf die Erde. Zwei Menschen, weder abhängig noch unabhängig, sondern in einer ungeheuren Synchronizität, als würden sie füreinander atmen, als wären sie eine Seele in zwei Körpern – wann immer das geschieht, ist es Liebe. Nur das sollte als Liebe bezeichnet werden. Die anderen beiden Zustände sind nicht wirklich Liebe, sondern einfach nur Arrangements – soziale, psychologische oder biologische Arrangements. Der dritte aber ist etwas Spirituelles.

❧

Die dritte Möglichkeit ist die der Interdependenz. Das geschieht nur sehr selten, doch wenn es geschieht, gelangt ein Stück Paradies auf die Erde. Zwei Menschen, weder abhängig noch unabhängig, sondern in einer ungeheuren Synchronizität, als würden sie füreinander atmen, als wären sie eine Seele in zwei Körpern – wann immer das geschieht, ist es Liebe.

❧

Brauchen und Geben, Lieben und Haben

C. S. Lewis hat Liebe aufgeteilt in »Bedürfnis-Liebe« und in »Geschenk-Liebe«. Auch Abraham Maslow teilt Liebe in zwei Kategorien ein. Die erste nennt er »Mangel-Liebe« und die zweite »Seins-Liebe«. Diese Unterscheidung ist von Bedeutung und muss verstanden werden.

»Bedürfnis-Liebe« oder »Mangel-Liebe« hängt vom anderen ab; es ist unreife Liebe. Eigentlich handelt es sich dabei nicht wirklich um Liebe – es ist vielmehr ein Bedürfnis. Man benutzt den anderen, man benutzt ihn als Mittel zum Zweck. Man beutet ihn aus, manipuliert ihn, dominiert ihn. Dadurch wird er reduziert, wird er beinahe zerstört. Und genau dasselbe macht auch der andere. Er versucht dich zu manipulieren, dich zu dominieren, dich zu besitzen, dich zu benutzen. Einen anderen Menschen zu benutzen ist sehr lieblos. Daher erscheint dies nur wie Liebe; es ist aber keine, es ist nur Falschgeld. Doch das ist es, was bei neunundneunzig Prozent aller Menschen passiert, denn die erste Lektion in Liebe lernt man in der Kindheit.

Ein Kind wird geboren und ist von der Mutter abhängig. Seine Liebe zur Mutter ist eine »Mangel-Liebe« – es braucht die Mutter, es kann ohne die Mutter nicht überleben. Es liebt die Mutter, weil die Mutter Leben bedeutet. Tatsächlich ist das keine wirkliche Liebe – das Kind würde jede Frau lieben, die es beschützt, die ihm hilft zu überleben, die seine Bedürfnisse erfüllt. Die Mutter ist eine Art Nahrung, die es zu sich nimmt. Es bekommt von der Mutter nicht nur Milch, sondern auch Liebe – und auch das ist ein Bedürfnis. Millionen von Menschen bleiben ihr Leben lang Kinder; sie werden niemals erwachsen. Sie wachsen zwar heran, doch ihr Geist wächst nicht mit, ihre Psyche bleibt kindlich und unreif. Sie haben immer ein Bedürfnis nach Liebe, sie verlangen danach wie nach Nahrung.

Millionen von Menschen bleiben ihr Leben lang Kinder; sie werden niemals erwachsen. Sie wachsen zwar heran, doch ihr Geist wächst nicht mit, ihre Psyche bleibt kindlich und unreif. Sie haben immer ein Bedürfnis nach Liebe, sie verlangen danach wie nach Nahrung.

Der Mensch wird reif in dem Augenblick, in dem er zu lieben beginnt, statt Liebe zu brauchen. Er beginnt überzufließen, zu teilen; er beginnt zu geben. Die Betonung ist eine vollkommen andere. Beim Ersten liegt die Betonung darauf, wie man mehr bekommen kann. Beim Zweiten liegt die Betonung auf dem Geben, wie man mehr geben kann, wie man bedingungslos geben kann. Dadurch entsteht Wachstum, Reife. Ein reifer Mensch gibt. Nur ein reifer Mensch kann geben, denn nur ein reifer Mensch besitzt etwas. Dann ist die Liebe nicht mehr abhängig. Dann kann man lieben, ob der andere nun liebt oder nicht. Dann ist Liebe keine Beziehung mehr, sondern ein Zustand.

❧

Der Mensch wird reif in dem Augenblick, in dem er zu lieben beginnt, statt Liebe zu brauchen. Er beginnt überzufließen, weiterzugeben; er beginnt zu geben. Die Betonung ist eine vollkommen andere. Beim Ersten liegt die Betonung darauf, wie man mehr bekommen kann. Beim Zweiten liegt die Betonung auf dem Geben, wie man mehr geben kann, wie man bedingungslos geben kann.

❧

Was geschieht, wenn eine Blume in einem tiefen Wald erblüht, wo niemand sie sieht und schätzt, niemand ihren Duft wahrnimmt, niemand vorbeikommt und sagt: »Wie schön«, niemand ihre Schönheit würdigt, ihre Freude, niemand da ist, dem sie etwas davon schenken kann – was passiert mit der Blume? Stirbt sie? Leidet sie? Gerät sie in Panik? Begeht sie Selbstmord? Sie blüht weiter, sie blüht einfach weiter. Es macht keinen Unterschied, ob jemand vorbeikommt oder nicht; es ist unwichtig. Sie überlässt ihren Duft den Winden. Sie bietet ihre Freude Gott an, dem Ganzen. Wenn ich alleine bin, bin ich genauso liebevoll, wie wenn ich bei euch bin. Nicht ihr löst meine Liebe aus. Würdet ihr meine Liebe auslösen, dann wäre sie natürlich weg, sobald ihr weg seid. Doch es ist nicht so, dass ihr die Liebe aus mir herausholt, sondern ich schütte sie über euch aus – das ist »Geschenk-Liebe«, »Seins-Liebe«.

Doch ich kann C. S. Lewis und Abraham Maslow nicht wirklich zustimmen. Das Erste, was sie Liebe nennen, ist nicht wirklich Liebe, es ist ein Bedürfnis. Wie kann ein Bedürfnis Liebe sein? Liebe ist ein Luxus. Liebe ist Fülle. Liebe bedeutet, so viel Leben in sich zu haben, dass man nicht weiß, was man damit tun soll, also gibt man es weiter. Es bedeutet, so viele Lieder im Herzen zu tragen, dass man sie einfach singen muss – ob jemand zuhört, ist dabei nicht wichtig. Auch wenn niemand zuhört, musst du einfach dein Lied singen, musst du deinen Tanz tanzen. Der andere kann etwas davon mitbekommen oder nicht – soweit es dich betrifft, ist es einfach ein Fließen, ein Überfließen. Ein Fluss fließt nicht für dich; er fließt, ob du nun da bist oder nicht. Er fließt nicht für deinen Durst und auch nicht für deine durstigen Felder; er fließt einfach. Du kannst deinen Durst löschen oder du kannst vorbeigehen – das hängt von dir ab. Der Fluss fließt nicht für dich, er fließt einfach. Es ist nur Zufall, dass du ihm das Wasser für deine Felder entnehmen kannst, dass du Wasser für deine Bedürfnisse erhältst.

Wie kann ein Bedürfnis Liebe sein? Liebe ist ein Luxus. Liebe ist Fülle. Liebe bedeutet, so viel Leben in sich zu haben, dass man nicht weiß, was man damit tun soll, also gibt man es weiter. Es bedeutet, so viele Lieder im Herzen zu tragen, dass man sie einfach singen muss – ob jemand zuhört, ist dabei nicht wichtig.

Wenn man von jemand anderem abhängig ist, herrscht immer Unglück. Sobald man abhängig ist, fühlt man sich unglücklich, denn Abhängigkeit ist Sklaverei. Dann beginnt man sich auf subtile Weise zu rächen, denn der Mensch, von dem man abhängig ist, hat Macht über einen. Niemand mag es, wenn ein anderer Macht über einen hat, niemand möchte abhängig sein, denn Abhängigkeit zerstört die Freiheit. Und Liebe kann nicht in Abhängigkeit gedeihen – Liebe ist eine Blüte der Freiheit; sie braucht Raum, sie braucht viel Raum. Der andere darf sie nicht beeinträchtigen. Sie ist sehr zart.

Wenn du abhängig bist, wird der andere dich bestimmt dominieren, und du wirst versuchen, den anderen zu dominieren. Das ist der Kampf, der zwischen so genannten Liebenden abläuft. Sie sind Intimfeinde, die kontinuierlich miteinander kämpfen. Ehemänner und Ehefrauen – was tun sie? Liebe ist sehr selten; Kampf ist die Regel, Liebe ist eine Ausnahme. Und auf jede nur mögliche Art und Weise versuchen sie den anderen zu dominieren – selbst durch die körperliche Liebe versuchen sie zu dominieren. Wenn der Ehemann seine Frau fragt, verweigert sie sich, ist sie widerwillig. Sie ist geizig: Sie gibt nur widerwillig, sie möchte, dass er erst schwanzwedelnd um sie herumläuft. Und dasselbe gilt für den Mann. Wenn die Frau sexuelle Bedürfnisse hat und den Mann fragt, sagt er, dass er müde sei. Im Büro gab es zu viel Arbeit, er ist wirklich überarbeitet und möchte jetzt lieber schlafen.

Das sind Methoden, den anderen zu manipulieren, ihn auszuhungern, ihn immer hungriger zu machen, sodass er immer abhängiger wird. Natürlich gehen Frauen dabei diplomatischer vor als Männer, da die Männer bereits Macht haben. Sie müssen nicht subtile und geschickte Methoden entwickeln, um sich Macht zu verschaffen, denn sie sind bereits mächtig. Der Mann hat das Geld – das ist seine

Macht. Und auch körperlich ist er stärker. Über die Jahrhunderte hinweg hat der Mann das Denken der Frau so konditioniert, dass sie meint, er habe mehr Macht und sie keine. Der Mann hat immer versucht, eine Frau zu finden, die in jeder Beziehung geringer ist als er. Ein Mann möchte nicht mit einer Frau verheiratet sein, die besser ausgebildet ist als er, denn dann steht seine Macht auf dem Spiel. Er möchte keine Frau heiraten, die größer ist als er, denn eine größere Frau wirkt überlegen. Er möchte keine Frau heiraten, die zu intellektuell ist, denn dann kann sie argumentieren, und Argumente könnten seine Macht verringern. Ein Mann möchte keine Frau, die berühmt ist, denn dann wäre er zweitrangig. Und durch die Jahrhunderte hindurch hat der Mann immer eine Frau gesucht, die jünger ist als er. Warum sollte die Frau nicht älter sein als der Mann? Was ist daran falsch? Eine ältere Frau hat mehr Erfahrung – das zerstört die Macht.

Männer haben also immer nach einer geringeren Frau gesucht – darum haben die Frauen an Größe verloren. Es gibt keinen Grund, warum sie kleiner sein sollten als Männer, überhaupt keinen Grund; sie haben ihre Größe verloren, weil immer nur die kleineren Frauen gewählt wurden. Nach und nach ist das so tief in sie eingedrungen, dass sie an Größe verloren haben. Sie haben an Intelligenz verloren, weil intelligente Frauen nicht gefragt waren; eine intelligente Frau war eine Außenseiterin. Es wird euch erstaunen zu erfahren, dass erst seit diesem Jahrhundert die Größe der Frauen wieder zunimmt. Selbst ihre Knochen werden größer, das ganze Skelett wird größer. Erst seit fünfzig Jahren … und besonders in Amerika. Und auch ihr Gehirn nimmt zu und wird größer, als es früher war, denn der Schädel wird größer. Mit der Idee der Freiheit für Frauen ist eine tief gehende Konditionierung zerstört worden.

Der Mann hatte bereits Macht, daher musste er nicht besonders raffiniert sein, musste nicht indirekt vorgehen. Frauen hatten keine Macht. Wenn man keine Macht hat, muss man diplomatisch sein – das ist ein Ersatz. Die einzige Art und Weise, wie sie sich mächtig fühlen konnten, war, gebraucht zu werden, war ein Mann, der ein ständiges Bedürfnis nach ihnen hatte. Das ist keine Liebe, das ist ein Geschäft, und beide streiten sich laufend über den Preis. Es ist ein ständiger Kampf.

C. S. Lewis und Abraham Maslow unterscheiden zwei Arten von Liebe. Ich unterscheide keine zwei Arten. Ich sage, dass die erste Art von Liebe nur dem Namen nach Liebe ist, dass sie keine echte Liebe ist, sondern Falschgeld. Nur die zweite Art von Liebe ist wirklich Liebe.

Liebe geschieht nur, wenn man reif ist. Man wird nur fähig zu lieben, wenn man erwachsen ist. Wenn man weiß, dass Liebe kein Bedürfnis ist, sondern ein Überfließen – »Seins-Liebe« oder »Geschenk-Liebe« –, dann gibt man ohne Bedingungen.

Die erste Art von Liebe, die so genannte Liebe, entsteht aus dem tiefen Bedürfnis eines Menschen nach einem anderen, während die »Geschenk-Liebe« oder »Seins-Liebe« aus der Fülle heraus von einem reifen Menschen zu einem anderen fließt. Man ist übervoll davon. Man ist voll davon und sie fängt an, sich um einen herum auszubreiten, so wie nach dem Anzünden einer Lampe deren Strahlen in die Dunkelheit vordringen. Liebe ist ein Nebenprodukt des Seins. Wenn man ist, trägt man die Aura der Liebe um sich herum. Wenn man nicht ist, hat man diese Aura nicht. Und wenn man diese Aura nicht hat, bittet man andere, einem Liebe zu geben. Lasst es mich wiederholen: Wenn du keine Liebe hast, bittest du den anderen darum; du bist ein Bettler. Und der andere bittet dich ebenfalls darum. Da stehen nun zwei Bettler und strecken die Hände aus, und beide hoffen, dass der andere es hat … Natürlich fühlen sich beide am Ende leer und betrogen.

❧

Wenn du keine Liebe hast, bittest du den anderen darum; du bist ein Bettler. Und der andere bittet dich ebenfalls darum. Da stehen nun zwei Bettler und strecken die Hände aus, und beide hoffen, dass der andere es hat … Natürlich fühlen sich beide am Ende leer und betrogen.

❧

Ihr könnt jeden beliebigen Ehemann und jede beliebige Ehefrau fragen, ihr könnt jedes Liebespaar fragen – beide fühlen sich betrogen. Es war nur deine Projektion, dass der andere es hat – und wenn du eine falsche Vorstellung hast, was kann der andere da tun? Die Projektion hat sich nicht bewahrheitet; der andere ist nicht wie in deiner Vorstellung, das ist alles. Doch der andere ist schließlich nicht verpflichtet, deinen Erwartungen zu entsprechen.

Und auch du hast den anderen betrogen – das ist jedenfalls das Gefühl des anderen, denn er hoffte, dass Liebe von dir kommen würde. Ihr habt beide gehofft, dass Liebe vom anderen kommen würde, doch beide wart ihr leer – wie kann da Liebe geschehen? Ihr könnt höchstens zusammen unglücklich sein. Zuvor wart ihr allein unglücklich, getrennt voneinander; jetzt könnt ihr zusammen unglücklich sein. Und denkt daran, wenn zwei Menschen zusammen unglücklich sind, entspricht das nicht einer einfachen Addition, sondern einer Multiplikation.

Alleine hast du dich frustriert gefühlt, und nun fühlt ihr euch zusammen frustriert. Das Gute daran ist, dass du jetzt die Verantwortung auf den anderen abwälzen kannst – der andere macht dich unglücklich. Du kannst dich beruhigt fühlen. »An mir ist nichts verkehrt, aber der andere …« Was soll man schon mit so einer Frau machen – garstig, nörgelig? Man muss einfach unglücklich sein. Was soll man mit so einem Mann machen – hässlich, geizig? Jetzt kann man die Verantwortung auf den anderen abwälzen; man hat einen Sündenbock gefunden. Doch das Unglück bleibt, es verstärkt sich sogar noch.

Das ist nun das Paradoxe: Menschen, die sich verlieben, haben keine Liebe; deshalb verlieben sie sich ja. Und weil sie keine Liebe haben, können sie nicht geben. Und noch etwas – ein unreifer Mensch verliebt sich immer in einen anderen unreifen Menschen, denn nur sie können sich gegenseitig verstehen. Ein reifer Mensch liebt einen reifen Menschen. Ein unreifer Mensch liebt einen unreifen Menschen.

Du kannst tausendmal und mehr deinen Partner wechseln und wirst doch wieder nur denselben Typ Mann und denselben Typ Frau finden und dasselbe Unglück wiederholen – vielleicht in einer etwas anderen Form, doch es ist dasselbe Unglück, es ist praktisch identisch. Du kannst zwar die Frau wechseln, doch du änderst dich selbst dabei nicht – wer sucht sich also die neue Frau aus? Du suchst sie dir aus. Die Wahl wird wieder aus deiner Unreife kommen. Du wirst wieder einen ähnlichen Typ Frau wählen.

Das grundlegende Problem der Liebe ist, erst einmal reif zu werden. Dann wirst du einen reifen Partner finden, denn unreife Menschen werden dich nicht mehr anziehen. Es ist einfach so. Wenn man fünfundzwanzig Jahre alt ist, verliebt man sich nicht in ein zweijähriges Baby. Und ebenso wenig verliebt man sich in einen unreifen Menschen, wenn man psychologisch und spirituell reif ist. Es passiert einfach nicht. Es kann nicht passieren, denn man erkennt, dass es sinnlos ist.

Das grundlegende Problem der Liebe ist, erst einmal reif zu werden. Dann wirst du einen reifen Partner finden, denn unreife Menschen werden dich nicht mehr anziehen. Es ist einfach so.

Tatsächlich ist es so, dass ein reifer Mensch sich nicht verliebt, nicht in Liebe verfällt, sondern dass er in der Liebe aufsteigt. Nur unreife Menschen fallen; sie stolpern und verfallen der Liebe. Irgendwie haben sie es vorher gerade noch geschafft zu stehen. Jetzt können sie nicht mehr stehen – sie finden eine Frau und verfallen ihr, sie finden einen Mann und verfallen ihm. Sie waren immer schon bereit, sich fallen zu lassen und zu kriechen. Sie haben nicht das Rückgrat, haben nicht die Integrität, alleine zu stehen.

Ein reifer Mensch hat die Integrität, alleine zu stehen. Und wenn ein reifer Mensch Liebe gibt, gibt er ohne Bedingungen – er gibt einfach. Wenn ein reifer Mensch Liebe gibt, ist er dankbar, dass du seine Liebe annimmst, nicht andersherum. Er erwartet nicht, dass du dankbar dafür bist – nein, überhaupt nicht, er braucht deinen Dank gar nicht. Er dankt dir dafür, dass du seine Liebe annimmst. Und wenn zwei reife Menschen sich lieben, geschieht eines der größten Paradoxe des Lebens, eines der großartigsten Phänomene: Sie sind zusammen und doch gleichzeitig ungeheuer allein. Sie sind so sehr zusammen, dass sie fast eins sind, doch ihre Einheit zerstört nicht ihre Individualität – tatsächlich wird sie dadurch noch gefördert, sie werden in noch stärkerem Maße individuell. Zwei reife Menschen, die sich lieben, helfen sich gegenseitig, noch freier zu werden. Es geht dabei nicht um Politik, um Diplomatie, um den Versuch zu dominieren.

Wie könnte man den Menschen dominieren wollen, den man liebt? Denkt einmal darüber nach – zu dominieren ist eine Art von Hass, von Wut, von Feindschaft. Wie könnte man auch nur daran denken, den Menschen dominieren zu wollen, den man liebt? Man möchte diesen Menschen gern vollkommen frei und unabhängig sehen; man möchte ihm mehr Individualität ermöglichen. Das ist der Grund, warum ich vom größten Paradox spreche: Die beiden sind so sehr zusammen, dass sie fast eins sind, doch in dieser Einheit sind sie immer noch Individuen. Ihre Individualität wird nicht verringert – sie wird sogar noch gesteigert. Der andere hat sie bereichert, soweit es um ihre Freiheit geht.

Wenn unreife Menschen sich verlieben, zerstören sie sich gegenseitig ihre Freiheit, erschaffen eine Leibeigenschaft, ein Gefängnis. Wenn reife Menschen sich lieben, helfen sie einander, frei zu sein; sie helfen sich gegenseitig, sich aus jeder Art von Knechtschaft zu befreien. Und wenn Liebe in Freiheit fließt, ist es schön. Wenn Liebe in Abhängigkeit fließt, ist es hässlich.

❧

Wenn zwei reife Menschen sich lieben, geschieht eines der größten Paradoxe des Lebens, eines der großartigsten Phänomene: Sie sind zusammen und doch gleichzeitig ungeheuer allein. Sie sind so sehr zusammen, dass sie fast eins sind, doch ihre Einheit zerstört nicht ihre Individualität.

❧

Denkt daran, Freiheit ist ein höherer Wert als Liebe. Darum nennen wir in Indien die Erleuchtung *Moksha; Moksha* bedeutet »Freiheit«. Freiheit ist ein höherer Wert als Liebe. Wenn die Liebe also die Freiheit zerstört, hat sie keinen wirklichen Wert. Diese Liebe kann man fallen lassen, die Freiheit muss gerettet werden – Freiheit ist der höhere

Wert. Denn ohne Freiheit kann man niemals glücklich sein, das ist einfach nicht möglich. Freiheit ist das innerste Verlangen eines jeden Menschen – äußerste Freiheit, absolute Freiheit. Wenn etwas diese Freiheit beschränkt, beginnt man es zu hassen.

Hasst du nicht den Mann, den du liebst? Hasst du nicht die Frau, die du liebst? Du hasst sie! Das ist ein notwendiges Übel, man muss es tolerieren. Weil man nicht allein sein kann, muss man sich mit jemand anderem arrangieren und muss sich an die Forderungen von jemand anderem anpassen. Man muss den anderen tolerieren, muss ihn ertragen.

Damit Liebe wirklich Liebe ist, muss sie »Seins-Liebe« sein, muss sie »Geschenk-Liebe« sein. »Seins-Liebe« bedeutet einen inneren Zustand der Liebe – wenn du zu Hause angekommen bist, wenn du weißt, wer du bist, dann entsteht Liebe in dir. Dann breitet sich der Duft aus und du kannst ihn anderen schenken. Wie könntest du etwas geben, das du gar nicht hast? Um etwas geben zu können, musst du es erst haben.

Liebe und Ehe

Mein Vorschlag ist, die Ehe erst nach den Flitterwochen zu schließen, niemals zuvor. Nur wenn alles gut läuft, sollte man eine Ehe eingehen.

Flitterwochen nach der Hochzeit sind gefährlich. Soweit ich es beurteilen kann, sind neunundneunzig Prozent aller Ehen nach den Flitterwochen bereits zu Ende. Doch dann ist man gefangen und es gibt keinen Ausweg. Dann ist die ganze Gesellschaft – das Gesetz, das Gericht, einfach jeder – gegen dich, wenn du deine Frau verlässt oder wenn deine Frau dich verlässt. Die ganze Moral, die Religion, der Pfarrer, sie alle sind gegen dich.

Tatsächlich sollte aber die Gesellschaft für möglichst große Hürden vor der Ehe sorgen und keine Hürden für eine Scheidung errichten. Die Gesellschaft sollte den Menschen nicht erlauben, so einfach zu heiraten. Man sollte gerichtliche Hürden errichten – dass man mindestens zwei Jahre zusammenleben muss, bevor man die Erlaubnis zur Heirat bekommt. Im Moment geschieht genau das Gegenteil. Wenn man heiraten möchte, fragt niemand danach, ob man bereit dafür ist oder ob es nur eine Laune ist, nur weil man die Nase der Frau mag. Was für eine Dummheit! Nur mit einer schönen Nase kann man nicht zusammenleben. Nach zwei Tagen ist die Nase vergessen – wer schaut sich schon die Nase der eigenen Frau an? Eine Ehefrau ist niemals schön, ein Ehemann ist niemals schön; sobald man sich gut kennt, verschwindet die Schönheit.

Zwei Menschen sollten lange genug zusammenleben dürfen, um sich kennen zu lernen, um vertraut miteinander zu werden. Selbst wenn sie davor schon heiraten möchten, sollte ihnen das nicht erlaubt sein. Dann würden Scheidungen aus der Welt verschwinden. Scheidungen gibt es, weil die Heirat falsch und erzwungen war. Scheidungen gibt es, weil Ehen aus einer romantischen Stimmung heraus geschlossen werden.

Zwei Menschen sollten lange genug zusammenleben dürfen, um sich kennen zu lernen, um vertraut miteinander zu werden. Selbst wenn sie davor schon heiraten möchten, sollte ihnen das nicht erlaubt sein. Dann würden Scheidungen aus der Welt verschwinden.

Eine romantische Stimmung ist gut, wenn man ein Dichter ist – aber Dichter sind bekanntlich keine guten Ehemänner und Ehefrauen. Tatsächlich sind Dichter fast immer unverheiratet; sie spielen herum, lassen sich aber nicht einfangen, und deshalb bleibt ihre Romantik am Leben. Sie schreiben immer weiter Poesie, wundervolle Poesie … Man sollte aber nicht aus einer poetischen Stimmung heraus heiraten. Erst wenn die prosaische Stimmung kommt, sollte man sich niederlassen. Denn das alltägliche Leben ist mehr Prosa als Poesie.

❧

Man sollte aber nicht aus einer poetischen Stimmung heraus heiraten. Erst wenn die prosaische Stimmung kommt, sollte man sich niederlassen. Denn das alltägliche Leben ist mehr Prosa als Poesie.

❧

Man sollte erst reif genug werden. Reife bedeutet, dass man kein romantischer Narr mehr ist. Man kennt das Leben, weiß um die Verantwortung des Lebens, weiß um die Probleme des Zusammenlebens mit einem anderen Menschen. Man akzeptiert all diese Schwierigkeiten und entscheidet sich dennoch, mit dem anderen zusammenzuleben. Man hofft nicht, dass es immer nur himmlisch sein wird, voller Rosen. Solchen Unsinn erwartet man nicht; man weiß, dass die Realität schwierig und rau ist. Es gibt Rosen, doch nur ab und zu, und sie tragen zahlreiche Dornen.

Wenn man um all diese Probleme weiß und immer noch beschließt, dass es das Risiko wert ist und man lieber mit dem anderen zusammen als allein sein möchte, dann kann man heiraten. Dann wird die Ehe die Liebe nicht zerstören, denn diese Liebe ist realistisch. Nur romantische Liebe kann von der Ehe zerstört werden. Und romantische Liebe ist unreife Liebe, man sollte nicht darauf bauen. Man sollte sie nicht als Nahrung betrachten. Sie ist mehr wie Eiscreme – man kann sie zwar ab und zu genießen, aber nicht davon leben. Das Leben muss realistischer sein, prosaischer.

Und die Ehe selbst zerstört niemals etwas. Die Ehe bringt einfach nur das zum Vorschein, was in dir verborgen ist – sie macht es sichtbar. Wenn Liebe in dir verborgen ist, wird die Ehe sie zum Vorschein bringen. Wenn die Liebe nur eine Vorspiegelung war, nur ein Lockmittel, dann wird sie früher oder später verschwinden. Und dann wird deine Realität, deine hässliche Persönlichkeit zum Vorschein kommen. Die Ehe ist nur eine Gelegenheit, um all das zum Vorschein zu bringen, was in dir ist.

Liebe wird nicht durch die Ehe zerstört. Liebe wird durch Menschen zerstört, die nicht wissen, wie man liebt. Liebe wird zerstört, weil sie von Anfang an eigentlich gar nicht da war; man hat nur in einem Traum gelebt. Die Realität zerstört diesen Traum. Denn Liebe ist eigentlich etwas Ewiges, ein Teil der Ewigkeit. Wenn man die Kunst der Liebe versteht und die Realität des Lebens akzeptiert, dann wird die Liebe von Tag zu Tag mehr zunehmen. Die Ehe wird zu einer großartigen Gelegenheit, immer mehr in der Liebe zu wachsen.

Liebe ist etwas Ewiges, ein Teil der Ewigkeit. Wenn man die Kunst der Liebe versteht und die Realität des Lebens akzeptiert, dann wird die Liebe von Tag zu Tag mehr zunehmen. Die Ehe wird zu einer großartigen Gelegenheit, immer mehr in der Liebe zu wachsen.

Nichts kann Liebe zerstören. Wenn sie da ist, wird sie immer weiter wachsen. Doch mein Gefühl ist, dass sie in den meisten Fällen von Anfang an gar nicht da war. Ihr habt es falsch verstanden, und etwas anderes war eigentlich vorhanden – vielleicht war es Sex, war es sexuelle Anziehung.

Dann wird sie sich auflösen, denn sobald du mit einer Frau geschlafen hast, verschwindet die sexuelle Anziehung. Sexappeal geht nur von etwas Unbekanntem aus – sobald du den Körper der Frau oder des Mannes kennen gelernt hast, verschwindet der Sexappeal. Wenn deine Liebe nur sexuelle Anziehung war, dann wird sie sich auflösen.

Verwechselt also niemals Liebe mit etwas anderem. Wenn Liebe wirkliche Liebe ist …

Was meine ich mit »wirkliche Liebe«? Ich meine, dass einfach die Gegenwart des anderen dich irgendwie glücklich macht, dass einfach zusammen zu sein dir ein Gefühl von Ekstase gibt, dass die Gegenwart des anderen etwas tief in deinem Herzen berührt … etwas beginnt in deinem Herzen zu singen, in dir entsteht Harmonie. Schon die reine Gegenwart des anderen bewirkt, dass ihr euch nahe seid, dass du dich in stärkerem Maße individuell, zentriert, geerdet fühlst. Dann ist es Liebe.

Liebe ist nicht Leidenschaft, Liebe ist kein Gefühl. Liebe ist das tiefe Empfinden, dass jemand dich irgendwie vollständig macht. Jemand macht aus dir einen vollständigen Kreis. Die Gegenwart des anderen verstärkt deine eigene Präsenz. Liebe gibt dir die Freiheit, du selbst zu sein; sie ist frei von Besitzdenken.

❧

Liebe ist nicht Leidenschaft, Liebe ist kein Gefühl. Liebe ist das tiefe Empfinden, dass jemand dich irgendwie vollständig macht. Jemand macht aus dir einen vollständigen Kreis. Die Gegenwart des anderen verstärkt deine eigene Präsenz. Liebe gibt dir die Freiheit, du selbst zu sein; sie ist frei von Besitzdenken.

❧

Also sei wachsam – halte niemals Sex für Liebe, sonst lässt du dich täuschen. Sei wachsam, und wenn du bei jemandem das Gefühl hast, dass einfach seine Gegenwart, seine reine Gegenwart etwas bewirkt – und nichts anderes ist notwendig, du bittest um nichts anderes; nur die Gegenwart, nur dass der andere da ist, reicht aus, um dich glücklich zu machen … etwas beginnt in dir zu blühen, tausend Lotosblumen erblühen in dir –, dann ist es Liebe. Dann kannst du all die Schwierigkeiten meistern, die die Realität mit sich bringt. All die Sorgen und Ängste – du wirst sie alle überwinden, und die Liebe wird mehr und mehr erblühen, weil alle diese Situationen zu Herausforderungen werden. Und eure Liebe wird mehr und mehr wachsen und stärker werden, indem sie diese Herausforderungen überwindet.

Liebe ist Ewigkeit. Wenn sie vorhanden ist, dann wächst sie immer mehr und wird immer stärker. Liebe hat einen Anfang, aber kein Ende.

Eltern und Kinder

Ein Kind kann nicht nur durch den biologischen Geschlechtsakt gezeugt werden, sondern auch durch eine tiefe meditative Liebe. Meditative Liebe bedeutet, vom Wesen her miteinander zu verschmelzen, nicht nur mit dem Körper. Es bedeutet, das Ego, die Religion, die Ideologien beiseite zu lassen – einfach und unschuldig zu werden. Wenn ein Kind von solchen Eltern gezeugt wird, wird es überhaupt nicht konditioniert sein.

Es gibt ein paar Dinge, die ihr verstehen müsst – ich kann euch keinen Beweis dafür geben, sie sind jenseits der Beweisbarkeit. Nur eure eigene Erfahrung kann euch den Beweis dafür geben.

Zum Beispiel ist der biologische Organismus fähig, sich selbst zu transzendieren. Er ist in bestimmten Augenblicken fähig zur Transzendenz. Das sind Augenblicke, die dem menschlichen Geist besonders wertvoll sind, denn in diesen Momenten erfährt man Freiheit, ein erweitertes Selbst, absolute Stille und Frieden, eine Liebe, die nicht von ihrem Gegenteil, dem Hass, abgelöst wird. Solch einen Augenblick bezeichnen wir als Orgasmus. Die Biologie gibt uns Orgasmen; sie sind das wertvollste Geschenk der blinden Biologie. Du kannst diese Augenblicke der Freiheit, des Schmelzens, der Auflösung für Meditation nutzen. Es gibt kein besseres Sprungbrett für Meditation als einen Orgasmus. Zwei Liebende, die sich wie eine Seele in zwei Körpern fühlen … alles hat für einen Moment angehalten, selbst die Zeit ist stehen geblieben. Es gibt keine Gedanken, der Verstand hat angehalten. Du bist im einfachen Sein gelandet. Das sind die Momente, von denen aus du in den Raum jenseits der Biologie gelangen kannst.

Du musst einfach nur wissen, dass das Meditation ist: Zeitlosigkeit, Egolosigkeit, Stille, Seligkeit, eine alles durchdringende Freude, überwältigende Ekstase.

Das alles ist durch die Biologie zwischen zwei Menschen möglich. Wenn du erst einmal weißt, dass es auch für dich alleine möglich ist, musst du nur noch die notwendigen Bedingungen erfüllen. Meine Auffassung ist, dass der Mensch durch den sexuellen Orgasmus zur Meditation fand, denn es gibt im Leben keinen anderen Moment, der der Meditation so nahe kommt.

❧

Meine Auffassung ist, dass der Mensch durch den sexuellen Orgasmus zur Meditation fand, denn es gibt im Leben keinen anderen Moment, der der Meditation so nahe kommt.

❧

Doch alle Religionen sind gegen Sex. Sie sind für Meditation, aber nicht für ihren Ausgangspunkt, für die grundlegende Erfahrung, die zur Meditation führt. Dadurch haben sie die Menschheit arm gemacht – nicht nur materiell arm, sondern auch spirituell arm. Sie haben euch so sehr gegen Sex konditioniert, dass ihr euch nur noch unter dem biologischen Druck der Sexualität hingebt; doch unter diesem Druck könnt ihr die orgasmische Freiheit nicht erfahren, die Unendlichkeit, die plötzlich verfügbar wird – die Ewigkeit in diesem einen Augenblick, die Tiefe, die abgründige Tiefe der Erfahrung.

Weil der Mensch der orgasmischen Seligkeit beraubt wurde, ist er unfähig geworden, Meditation zu begreifen. Und das ist es, was alle Religionen wirklich wollen – dass ihr niemals meditativ werdet. Ihr könnt darüber reden, darüber lesen, darüber forschen, darüber Vorträge anhören ... All das wird nur zu mehr Frustration in euch führen, weil ihr dann intellektuell alles über Meditation wisst, aber keine existenzielle Basis dafür habt, nicht die geringste Erfahrung damit, nicht einmal einen Tropfen, der euch darauf hinweisen könnte, dass irgendwo der Ozean sein muss, denn der Tropfen ist der existenzielle Beweis für den Ozean.

Die Biologie ist sehr viel mitfühlender als eure Kirchen, Synagogen, Tempel und Moscheen. Obwohl die Biologie blind ist, ist sie nicht so blind wie euer Moses, Krishna, Jesus, Mohammed. Die Biologie ist eure Natur, und sie besitzt nichts als Mitgefühl für euch. Sie hat euch alles gegeben, was nötig ist, um höher zu gelangen, um einen übernatürlichen Zustand zu erreichen.

Die Biologie ist eure Natur, und sie besitzt nichts als Mitgefühl für euch. Sie hat euch alles gegeben, was nötig ist, um höher zu gelangen, um einen übernatürlichen Zustand zu erreichen.

Mein ganzes Leben lang habe ich gegen Idioten gekämpft. Sie haben keine Antworten auf mein Argument, das ganz einfach ist: Ihr redet über Meditation, aber ihr müsst den Menschen einen existenziellen Beweis in ihrem Leben geben, sonst werden sie nichts als leere Worte hören. Ihr müsst ihnen etwas geben, das ihnen bewusst machen kann, was möglich ist – Sexualität ohne Schuldgefühle, ohne Eile, ohne den Gedanken, dass etwas falsch daran ist. Damit würdet ihr ihnen das Beste geben, was in dieser Welt möglich ist.

Es ist sonderbar, dass Menschen ohne Schuldgefühle töten können – und nicht nur einer, sondern Millionen von Menschen –, dass sie aber nicht ohne Schuldgefühle ein Kind zeugen können. Alle Religionen waren in dieser Hinsicht nichts als eine große Katastrophe.

Liebt euch nur, wenn ihr bereit seid, euch in einen meditativen Raum zu begeben. Und schafft eine meditative Atmosphäre, während ihr euch liebt. Ihr solltet den Raum behandeln, als wäre er heilig. Leben zu erschaffen … was könnte heiliger sein? Macht es so schön, so ästhetisch und so freudvoll wie möglich. Es sollte keine Eile dabei sein. Wenn Liebende sich in einer solch feierlichen äußeren Atmosphäre und in einem solch stillen inneren Raum begegnen, werden sie die höchstmögliche Seele anziehen.

Liebt euch nur, wenn ihr bereit seid, euch in einen meditativen Raum zu begeben. Und schafft eine meditative Atmosphäre, während ihr euch liebt. Ihr solltet den Raum behandeln, als wäre er heilig. Leben zu erschaffen … was könnte heiliger sein? Macht es so schön, so ästhetisch und so freudvoll wie möglich.

Ihr zeugt Kinder entsprechend dem Stand eurer Liebe. Wenn Eltern über ihre Kinder enttäuscht sind, sollten sie sich bewusst machen, dass dies die Kinder sind, die sie verdient haben. Sie haben als Eltern keine Möglichkeit dafür geschaffen, dass eine höher entwickelte Seele den Schoß betreten konnte – denn der männliche Samen und das weibliche Ei geben einfach nur die Möglichkeit für den Eintritt einer Seele. Sie schaffen die Möglichkeit für einen Körper, sodass sich eine Seele verkörpern kann. Doch ihr könnt nur die Art von Seele anziehen, die eurer sexuellen Aktivität entspricht.

Die Welt ist voller Idioten und mittelmäßiger Menschen, und ihr seid dafür verantwortlich – die Eltern sind dafür verantwortlich. Sie haben niemals darüber nachgedacht, ihre Kinder sind zufällig gezeugt worden. Doch es könnte kein größeres Verbrechen geben, als zufällig ein Leben zu zeugen.

Bereitet euch darauf vor. Und das Wichtigste ist, den Augenblick des Orgasmus zu verstehen: frei von Gedanken, von Verstand, von Zeit, nur reine Bewusstheit. In dieser reinen Bewusstheit könnt ihr einen Gautama Buddha zu euch ziehen. So wie ihr euch liebt, ist es ein Wunder, dass nicht noch mehr Adolf Hitlers, Mussolinis, Stalins, Nadir Schahs, Tamerlans und Dschingis Khans angezogen werden. Ihr zieht nur mittelmäßige Menschen zu euch. Ihr zieht auch nicht die niedrigsten an, denn dafür muss die Liebe schon fast eine Vergewaltigung sein. Um die höchstentwickelten anzuziehen, muss eure Liebe eine Meditation sein.

Das Leben des Kindes beginnt in dem Augenblick, in dem die Seele in den Schoß eintritt. Wenn sie dabei in einen meditativen Raum kommt, ist es möglich, ein Kind zu gebären, ohne es zu konditionieren. Tatsächlich kann ein Kind, das aus der Meditation geboren wird, gar nicht konditioniert werden; es wird dagegen rebellieren. Nur mittelmäßige Menschen lassen sich konditionieren. Und ein Paar, das bei der Liebe zur Meditation fähig ist, ist kein gewöhnliches Paar. Sie werden das Kind respektieren. Das Kind ist ein Gast aus dem Unbekannten, und man muss solch einen Gast respektieren. Eltern, die ihre Kinder nicht respektieren, zerstören deren Leben. Doch euer Respekt, eure Liebe, eure Dankbarkeit – »Du hast uns als deine Eltern gewählt« – werden im Kind noch mehr Respekt, mehr Dankbarkeit, mehr Liebe auslösen.

Das Kind ist ein Gast aus dem Unbekannten, und man muss solch einen Gast respektieren. Eltern, die ihre Kinder nicht respektieren, zerstören deren Leben. Doch euer Respekt, eure Liebe, eure Dankbarkeit – »Du hast uns als deine Eltern gewählt« – werden im Kind noch mehr Respekt, mehr Dankbarkeit, mehr Liebe auslösen.

Und wenn du einen Menschen liebst, kannst du ihn nicht konditionieren. Wenn du einen Menschen liebst, gibst du ihm Freiheit, gibst du ihm Schutz. Wenn du jemanden liebst, möchtest du nicht, dass er nur einfach eine Kopie deiner selbst ist, du möchtest vielmehr, dass er ein einzigartiges Individuum ist. Und um ihn einzigartig zu machen, wirst du für alle notwendigen Bedingungen sorgen, für alle Herausforderungen, die ihm die Erfüllung seines Potenzials ermöglichen.

Du wirst ihn nicht mit Wissen belasten, weil du möchtest, dass er die Wahrheit selbst erkennt. Jede geborgte Wahrheit ist eine Lüge. Wenn keine eigene Erfahrung zugrunde liegt, ist es niemals die Wahrheit.

Du wirst dem Kind helfen, mehr und mehr Dinge zu erfahren. Du wirst ihm nicht die Lüge erzählen, dass es einen Gott gibt – das ist eine Lüge, weil du Gott nie gesehen hast. Eure Eltern haben euch angelogen, und ihr gebt es nun wiederum an eure Kinder weiter. Eure Eltern haben euch konditioniert, und wie ist euer Leben? Ein einziges langes Elend von der Wiege bis zur Bahre. Wollt ihr, dass auch das Leben eures Kindes unglücklich ist, voller Leid, Angst, Verzweiflung?

Es gibt nur eine einzige Aussage in der ganzen Bibel, der ich nicht widerspreche: »Gott kann alles vergeben außer Verzweiflung.« Wer immer das geschrieben hat, muss ein Mann von großer Einsicht gewesen sein. Gott kann nur eines nicht vergeben, und das ist Verzweiflung. Doch jeder lebt in Verzweiflung – Gott oder kein Gott, Verzweiflung ist eine Realität. Und sie ist selbstzerstörerisch. Wenn du dein Kind liebst, wirst du ihm helfen zu lachen, zu genießen, zu tanzen, sich zu freuen. Doch genau das Gegenteil geschieht.

Wenn in meiner Kindheit bei uns zu Hause ein Gast erwartet wurde, versuchten sie immer, mich loszuwerden, indem sie mich irgendwo hinschickten. Doch wenn sie anfingen, darüber zu reden, mich irgendwo hinzuschicken – dass ich zum Arzt gehen müsse, weil ich schon einige Tage erkältet sei –, sagte ich ihnen: »Da läuft nichts. Ich kenne meine Erkältung und ich kenne den Arzt; ich werde selbst bestimmen, wann ich gehe. Zumindest kann ich nicht jetzt gehen – Erkältung oder Krebs, das macht keinen Unterschied.«

Sie fragten: »Aber warum?«

Ich erwiderte: »Ich weiß, jemand kommt zu Besuch und ihr habt Angst.« Und natürlich hatten sie Angst, weil ich sie immer in Verlegenheit brachte. Der Gast war vielleicht eine wichtige Persönlichkeit, und ich tat möglicherweise etwas, was die ganze Beziehung zu ihm verdarb.

Einmal fing ich beim Essen plötzlich an zu lachen. Die ganze Familie wusste schon, dass etwas passieren würde, weil ein Gast da war. Doch der Gast war schockiert. Er wollte wissen: »Warum lachst du?«

Ich antwortete: »Zum Lachen braucht es keinen Grund. Tatsächlich sollte ich euch fragen: ›Warum sitzt ihr alle mit so langen Gesichtern da?‹ Lachen hat einen Wert an sich; lange Gesichter haben überhaupt keinen Wert. Und seit du gekommen bist, machen sogar alle in meiner Familie ein sehr trauriges und ernstes Gesicht. Ich verstehe nicht, was da los ist. Verbreitest du immer diese Atmosphäre um dich herum?«

Oder ich fing vielleicht plötzlich an zu tanzen. Die Unterhaltung zwischen dem Gast und meinen Eltern war plötzlich unterbrochen, weil ich mitten unter ihnen tanzte. Sie sagten: »Du kannst nach draußen gehen und spielen.«

Und ich sagte: »Ich weiß genau, wo ich tanzen will. Wenn ihr hinausgehen wollt, könnt ihr gehen und eure dumme Unterhaltung dort führen – sie hat keine Bedeutung! Über das Wetter und die Jahreszeit zu reden ... ihr alle wisst es, selbst ich weiß es. Was soll das?«

Bei einer höflichen Unterhaltung sprechen die Leute niemals über kontroverse Themen, weil das ja zu Meinungsverschiedenheiten führen könnte. Sie reden nur über unbedeutende, unstrittige Dinge wie das Wetter ... natürlich gibt es darüber keine Kontroverse. Wenn es kalt ist, ist es kalt; wenn es heiß ist, ist es heiß.

»Und ich tanze hier nur, um euch klarzumachen, dass ihr eure Zeit verschwendet. Lieber solltet ihr mit mir tanzen!«

Ein Kind, das nicht konditioniert ist, kann die Eltern auf vielerlei Weise in Verlegenheit bringen. Doch wenn sie es lieben, werden sie bereit sein, alles für es zu tun. Selbst wenn es sie in Verlegenheit bringt, macht das nichts aus. Ihr Kind wächst zu einem einzigartigen Wesen heran. Sie werden ihm helfen, frei zu bleiben, offen, verfügbar für die unbekannte Zukunft.

Sie werden ihm helfen, zu einem Suchenden zu werden und nicht zu einem Gläubigen. Sie werden keinen Christen, Juden, Hindu oder Mohammedaner aus ihm machen, weil alle diese Religionen so viel Unheil gebracht haben – mehr als genug. Es ist an der Zeit, dass alle Religionen von diesem Planeten verschwinden. Unkonditionierte Kinder können dieses Wunder bewirken, denn morgen werden sie junge Erwachsene sein, reife Menschen, und keine Christen und Hindus und Mohammedaner. Sie werden einfach nur Suchende sein; die Suche wird ihre Religion sein. Das ist meine Definition eines *Sannyasin*: Das Suchen und Forschen ist seine Religion. Glauben dagegen beendet jedes Forschen.

Teilt dem Kind alle eure Erfahrungen mit. Macht ihm bewusst, dass es in einem sehr liebevollen, orgasmischen Augenblick gezeugt wurde, dass Liebe ein großes Geschenk der Existenz ist. Und dass man Liebe zum Mittelpunkt seines Lebens machen muss, denn nur durch Liebe kann man über die blinde Natur hinausgehen in die Welt der Übernatur, in der keine Blindheit existiert, wo man zum Seher wird.

Ja, es ist möglich, ein unkonditioniertes und freies Kind zu haben, doch nicht allein durch die Biologie. Es ist möglich, wenn ihr mutig genug seid, eure Liebe zu eurem Tempel zu machen, zu einem Ort der Meditation. Dann werdet ihr eine Seele anziehen, die bereits das Potenzial zur Einzigartigkeit besitzt. Und dann gebt ihm jede Möglichkeit zur Freiheit, selbst wenn sich das gegen euch richtet. Die Freiheit eures Kindes ist wertvoller, denn Kinder sind die Zukunft der Menschheit.

Eure Zeit ist vergangen – was macht es schon, wenn die Zukunft sich gegen euch richtet? Was habt ihr durch die Vergangenheit gewonnen? Ihr seid leer, ihr seid Bettler. Wollt ihr, dass eure Kinder ebenfalls leer sind, ebenfalls

Bettler sind? Das ist es, was alle Eltern versuchen – Kopien zu produzieren, exakte Abbilder. Doch denkt daran, das Leben akzeptiert nur Originale. Kopien sind für das Leben nicht annehmbar.

❧

Eure Zeit ist vergangen – was macht es schon, wenn die Zukunft sich gegen euch richtet? Was habt ihr durch die Vergangenheit gewonnen? Ihr seid leer, ihr seid Bettler. Wollt ihr, dass eure Kinder ebenfalls leer sind, ebenfalls Bettler sind? Das ist es, was alle Eltern versuchen – Kopien zu produzieren, exakte Abbilder. Doch denkt daran, das Leben akzeptiert nur Originale.

❧

Lasst euer Kind sein ursprüngliches Gesicht tragen.

Es mag Angst in euch auslösen, es mag euch Sorgen machen, doch das ist euer Problem. Bemüht euch, das Kind auf keine Weise zu behindern. Und ein Kind, das Freiheit bekommen hat – selbst gegenüber seinen eigenen Eltern –, wird euch immer respektieren, wird euch immer dankbar sein. Im Augenblick gilt genau das Gegenteil: Jedes Kind ist voller Zorn, Wut, Hass auf die Eltern, weil das, was sie mit ihm gemacht haben, unverzeihlich ist.

Wenn ihr dem Kind Freiheit gebt, wenn ihr dem Kind erlaubt, es selbst zu sein, was immer das auch bedeuten mag, wenn ihr sein natürliches Selbst akzeptiert, wohin das auch führen mag, dann wird dieses Kind euch lieben und respektieren. Ihr wart nicht einfach nur gewöhnliche Eltern, ihr habt ihm Leben, Freiheit, Einzigartigkeit gegeben. Es wird diese wunderbare Erinnerung immer in seinem Herzen tragen und seine Dankbarkeit euch gegenüber wird ihm zeigen, dass es das, was ihm gegeben wurde, auch den zukünftigen Generationen geben muss.

Wenn sich jede Generation ihren Kindern gegenüber voll Liebe und Respekt verhält und ihnen Freiheit zum Wachsen gibt, wird dieser Unsinn des Generationskonflikts verschwinden. Wenn ihr eure Kinder respektiert, wenn ihr für eure Kinder Freunde seid, wird es keinen Generationskonflikt geben.

❧

Wenn sich jede Generation ihren Kindern gegenüber voll Liebe und Respekt verhält und ihnen Freiheit zum Wachsen gibt, wird dieser Unsinn des Generationskonflikts verschwinden. Wenn ihr eure Kinder respektiert, wenn ihr für eure Kinder Freunde seid, wird es keinen Generationskonflikt geben.

❧

Es ist immer gut, zu einer Verständigung mit den eigenen Eltern zu finden. Das ist eines der grundlegendsten Dinge. Gurdjieff pflegte zu sagen: »Wenn du kein gutes Verhältnis zu deinen Eltern hast, hast du dein Leben verfehlt.« Denn das ist etwas, was mit unseren tiefsten Wurzeln zu tun hat … Wenn es irgendetwas Ungutes zwischen dir und deinen Eltern gibt, wirst du dich niemals im Frieden fühlen. Du wirst dich ein wenig schuldig fühlen, wo immer du auch bist. Du wirst nie in der Lage sein, es zu vergessen und zu vergeben. Zu Eltern besteht nicht einfach nur eine soziale Beziehung. Du bist aus ihnen entstanden – du bist ein Teil von ihnen, ein Zweig ihres Baumes. Du bist immer noch in ihnen verwurzelt.

Wenn die Eltern sterben, stirbt etwas tief Verwurzeltes in dir. Wenn die Eltern sterben, fühlst du dich zum ersten Mal allein, entwurzelt. Während sie noch am Leben sind, solltest du also alles tun, um eine Basis mit ihnen zu finden, sodass du mit ihnen kommunizieren kannst und sie mit dir. Dann sind die Dinge abgeschlossen und die Konten ausgeglichen. Wenn sie dann diese Welt verlassen –

und sie werden sie eines Tages verlassen –, wirst du dich nicht schuldig fühlen, wirst du nichts bereuen; du wirst wissen, dass die Dinge abgeschlossen sind. Sie waren glücklich mit dir; du warst glücklich mit ihnen.

Liebe beginnt mit den Eltern und endet auch mit ihnen. Sie beschreibt einen vollständigen Kreis. Wenn dieser Kreis irgendwo unterbrochen ist, wird sich dein ganzes Wesen unbehaglich fühlen. Es ist ein außerordentlich positives Gefühl, mit den eigenen Eltern kommunizieren zu können. Und es ist die schwierigste Sache der Welt, weil der Abstand so groß ist. Die Eltern glauben nie, dass du wirklich erwachsen bist, deshalb kommunizieren sie niemals direkt mit dir. Sie kommandieren dich einfach nur herum: »Mach das« oder »Mach das nicht«. Sie berücksichtigen nie deine Freiheit, deinen Geist, dein Wesen … kein Respekt. Für sie ist es selbstverständlich, dass du immer auf sie hörst.

Jedes Kind fühlt von Anfang an Ärger in sich, denn immer wenn die Eltern zu ihm sagen: »Mach das« oder »Mach das nicht«, hat es das Gefühl, dass seine Freiheit beschnitten wird. Es wird unterdrückt. Es leistet Widerstand und lehnt sich auf, und dieser Widerstand bleibt wie eine innere Wunde bestehen. Der Abstand wird immer größer. Er muss überbrückt werden. Wenn du in der Beziehung zu deiner Mutter diesen Abstand überbrücken kannst, wirst du plötzlich das Gefühl haben, dass du diesen Abstand in der Beziehung zur ganzen Erde überbrückt hast. Du bist stärker in der Erde verwurzelt. Wenn du in der Beziehung zu deinem Vater diesen Abstand überbrücken kannst, wirst du plötzlich spüren, dass du in Beziehung zum Himmel getreten bist. Mutter und Vater sind Symbole, Repräsentanten für Erde und Himmel. Und der Mensch ist wie ein Baum, der sowohl die Erde wie auch den Himmel braucht.

Liebe beginnt mit den Eltern und endet auch mit ihnen. Sie beschreibt einen vollständigen Kreis. Wenn dieser Kreis irgendwo unterbrochen ist, wird sich dein ganzes Wesen unbehaglich fühlen. Es ist ein außerordentlich positives Gefühl, mit den eigenen Eltern kommunizieren zu können. Und es ist die schwierigste Sache der Welt, weil der Abstand so groß ist.

Liebe mit Bewusstheit führt zum Sein

Liebe ist ein Muss für spirituelles Wachstum. Und außerdem wirkt Liebe wie ein Spiegel. Es ist sehr schwierig, sich selbst zu erkennen, wenn man nicht die Möglichkeit hatte, sich in den Augen von jemandem zu sehen, der einen liebt. So wie man in einen Spiegel schauen muss, um sein physisches Gesicht zu erkennen, so muss man in den Spiegel der Liebe schauen, um sein spirituelles Gesicht zu erkennen. Liebe ist ein spiritueller Spiegel. Sie nährt dich, sie integriert dich, sie bereitet dich auf deine innere Reise vor, sie erinnert dich an dein ursprüngliches Gesicht.

Augenblicke tiefer Liebe ermöglichen einen kurzen Blick auf das ursprüngliche Gesicht, auch wenn es sich dabei nur um eine Reflexion handelt. So wie man in einer Vollmondnacht den Mond in der glatten Oberfläche eines Sees gespiegelt sehen kann, so wirkt auch die Liebe wie ein stiller See. Der im See reflektierte Mond steht am Anfang der Suche nach dem wirklichen Mond. Wenn man niemals den Mond im See reflektiert sah, macht man sich vielleicht nie auf die Suche nach dem wirklichen Mond. Anfangs begibt man sich wieder und wieder in den See, um nach dem Mond zu suchen, weil man denkt, dass sich der Mond dort befindet, irgendwo tief auf dem Grund des Sees. Man taucht wieder und wieder hinab und kommt mit leeren Händen hoch; dort wird man den Mond nicht finden.

Eines Tages dämmert es einem dann, dass dieser Mond vielleicht nur eine Reflexion ist. Das ist eine große Erkenntnis – denn nun kann man den Blick nach oben richten. Wo ist denn der Mond, wenn dies nur eine Reflexion ist? Wenn es eine Reflexion ist, muss man in die entgegengesetzte Richtung blicken. Die Reflexion war hier auf dem See – der wirkliche Mond muss sich irgendwo über dem See befinden. Zum ersten Mal blickt man nach oben, und die Reise hat begonnen.

Die Liebe gibt dir kurze Einblicke in Meditation, Reflexionen des Mondes im See – doch es sind nur Reflexionen, nicht der Mond selbst. Daher kann dich die Liebe niemals zufrieden stellen. Tatsächlich wird dich die Liebe immer unzufriedener machen, dich unbefriedigt lassen. Durch die Liebe wird dir mehr und mehr bewusst, was möglich ist, ohne dass sie dieses Versprechen einlöst. Sie wird dich frustrieren – und nur in tiefer Frustration liegt die Möglichkeit, dass du dich zurückbesinnst auf dein eigenes Selbst. Nur Liebende kennen die Freuden der Meditation. Menschen, die niemals geliebt haben und niemals in der Liebe frustriert waren, die niemals auf der Suche nach dem Mond in den See der Liebe getaucht sind und enttäuscht wurden, werden niemals zum wirklichen Mond am Himmel hochblicken. Sie werden sich dessen niemals bewusst werden.

❧

Durch die Liebe wird dir mehr und mehr bewusst, was möglich ist, ohne dass sie dieses Versprechen einlöst. Sie wird dich frustrieren – und nur in tiefer Frustration liegt die Möglichkeit, dass du dich zurückbesinnst auf dein eigenes Selbst. Nur Liebende kennen die Freuden der Meditation.

❧

Ein Mensch, der liebt, muss früher oder später religiös werden. Ein Mensch dagegen, der nicht liebt – ein Politiker zum Beispiel, der niemanden liebt, der nur die Macht liebt –, wird niemals religiös werden. Ein Mensch, der vom Geld besessen ist – der nur das Geld liebt, der nur diese eine Liebe kennt, die zum Geld –, wird niemals religiös werden. Aus verschiedenen Gründen wird es sehr schwierig für ihn sein. Geld kann man besitzen; man kann Geld haben und kann es besitzen. Es ist einfach, Geld zu besitzen, doch es ist sehr schwierig, einen geliebten Menschen zu besitzen – tatsächlich ist es unmöglich. Man wird versuchen, den anderen zu besitzen, doch wie kann man einen lebendigen Menschen besitzen? Der andere wird sich auf jede nur mögliche Weise zur Wehr setzen, wird bis zum Letzten kämpfen. Niemand möchte seine Freiheit verlieren.

Liebe ist nicht so wertvoll wie Freiheit. Liebe ist ein hoher Wert, doch nicht so hoch wie Freiheit. Daher möchte man zwar lieben, doch man möchte sich nicht von der Liebe versklaven lassen. Also wird man sich früher oder später frustriert fühlen. Man versucht den anderen zu besitzen, und je mehr man das versucht, desto unmöglicher wird Liebe und desto mehr zieht sich der andere zurück. Je weniger man einen anderen besitzt, desto näher fühlt man sich ihm. Wenn überhaupt kein Besitzdenken vorhanden ist, wenn zwischen den Liebenden nur Freiheit herrscht, dann ist die Liebe wirklich groß.

So ist also der Versuch, einen anderen Menschen zu besitzen, zum Scheitern verurteilt. Durch diese Frustration wird man auf sich selbst zurückgeworfen. Wenn man dann gelernt hat, den anderen nicht zu besitzen, wenn man gelernt hat, dass Freiheit wertvoller ist als Liebe, dass sie einen viel höheren Wert hat, wird man früher oder später erkennen, dass Freiheit zum eigenen Selbst führt, dass Freiheit zu Bewusstheit wird, zu Meditation.

Freiheit ist nur ein anderer Aspekt von Meditation. Man kann entweder mit Freiheit beginnen und wird zur Bewusstheit finden, oder man kann mit Bewusstheit beginnen und wird zur Freiheit finden. Die beiden gehören zusammen. Liebe ist eine Art subtiler Knechtschaft, doch sie ist eine essenzielle Erfahrung, die für die Reife absolut notwendig ist.

❧

Freiheit ist nur ein anderer Aspekt von Meditation. Man kann entweder mit Freiheit beginnen und wird zur Bewusstheit finden, oder man kann mit Bewusstheit beginnen und wird zur Freiheit finden. Die beiden gehören zusammen. Liebe ist eine Art subtiler Knechtschaft, doch sie ist eine essenzielle Erfahrung, die für die Reife absolut notwendig ist.

❧

In Margery Williams' Buch »Das Samtkaninchen oder Das Wunder der Verwandlung« findet sich eine wunderbare Definition, wie man durch Liebe wirklich wird.

»Was heißt eigentlich *echt*?«, fragte das Samtkaninchen eines Tages, als beide, bevor Nana zum Aufräumen kam, nebeneinander auf dem Fußboden im Kinderzimmer lagen. »Heißt es, dass man surrende Sachen im Bauch und einen Haltegriff im Rücken hat?«

»Echt hat nichts damit zu tun, wie man gemacht ist«, sagte Pferdchen. »Es ist etwas, das mit dir passiert. Wenn dich ein Kind eine lange, lange Zeit liebt – wenn es nicht nur mit dir spielen will, sondern wenn es dich wirklich liebt –, dann wirst du echt.«

»Tut das weh?«, fragte Samtkaninchen.

»Manchmal«, sagte Pferdchen, denn er war immer ehrlich. »Aber wenn man echt ist, macht einem der Schmerz nichts aus«.

»Passiert das denn ganz plötzlich wie beim Aufziehen«, wollte Samtkaninchen wissen, »oder eher Stück für Stück?«

»Es geschieht nicht auf einmal«, sagte Pferdchen. »Man wird es. Das braucht viel Zeit. Deswegen passiert es auch nur ganz selten mit denen, die leicht kaputtgehen oder scharfe Kanten haben und die man sehr sorgfältig behandeln muss. Wenn man erst einmal echt ist, dann sind einem schon die meisten Haare weggeliebt worden, und die Augen fallen dir heraus und deine Gelenke sind ausgeleiert und du bist ganz abgewetzt. Aber das macht alles nichts, denn wenn du erst einmal echt bist, kannst du gar nicht mehr hässlich sein, höchstens für Leute, die keine Ahnung haben.«*

Liebe macht einen Menschen wirklich; ohne Liebe bleibt man nur eine Fantasie, ein Traum ohne Substanz. Liebe verleiht Substanz, sie gibt Integrität, sie zentriert. Aber sie ist nur die eine Hälfte der Reise; die andere Hälfte besteht aus Meditation, aus Bewusstheit. Liebe bereitet einen jedoch auf die andere Hälfte vor. Liebe ist die erste Hälfte und Bewusstheit ist die zweite Hälfte. Zwischen diesen beiden liegt Gott. Zwischen Liebe und Bewusstheit, zwischen diesen beiden Ufern, fließt der Strom des Seins.

Versuche nicht, die Liebe zu vermeiden. Geh durch sie hindurch, mit all ihren Schmerzen. Ja, es tut weh, doch wenn du voller Liebe bist, macht es dir nichts aus. Tatsächlich machen dich diese Schmerzen stark. Manchmal tut es sogar sehr weh, ganz schrecklich weh, doch all diese Ver-

---

* Entnommen aus: Margery Williams, Das Samtkaninchen. Oder Das Wunder der Verwandlung. Abdruck mit freundlicher Genehmigung des Lentz Verlag in der F. A. Herbig Verlagsbuchhandlung GmbH, München, Copyright © für die deutsche Ausgabe 1997.

letzungen sind notwendig, um dich herauszufordern, um dich aufzuwecken. All diese gefährlichen Situationen sind notwendig, um dich wach zu machen. Liebe bereitet die Grundlage, und im Boden der Liebe kann der Same der Meditation wachsen – und nur im Boden der Liebe.

Diejenigen, die sich aus Angst vor der Welt zurückziehen, werden daher niemals zur Meditation gelangen. Sie können ihr Leben lang in den Höhlen des Himalaja sitzen und werden doch niemals zur Meditation gelangen. Es ist nicht möglich – sie haben es nicht verdient. Erst muss man es sich in der Welt verdienen; erst muss man den Boden vorbereiten. Und nur Liebe bereitet den Boden vor.

Daher betone ich immer wieder, dass ihr nicht der Welt entsagen sollt. Bleibt in ihr, nehmt ihre Herausforderungen auf euch, akzeptiert ihre Gefahren, ihre Verletzungen, ihre Wunden. Geht durch sie hindurch. Vermeidet sie nicht, versucht nicht, eine Abkürzung zu finden, denn es gibt keine. Es ist ein Kampf, es ist anstrengend, es geht ständig bergauf, doch nur so erreicht man den Gipfel. Und die Freude wird größer, viel größer sein, als wenn man von einem Hubschrauber auf den Gipfel gebracht wird, denn dann erreicht man ihn ohne inneres Wachstum; dann ist man nicht fähig, ihn wirklich zu genießen. Mach dir nur einmal den Unterschied klar. Du bemühst dich mit aller Kraft, den Everest zu ersteigen. Es ist gefährlich – es besteht durchaus die Möglichkeit, auf dem Weg zu sterben, den Gipfel niemals zu erreichen –, es ist ein Risiko und voller Gefahren. Der Tod wartet bei jedem Schritt, so viele Fallen und so viele Möglichkeiten, zu scheitern und keinen Erfolg zu haben. Die Chance, dass es dir gelingt, ist vielleicht nur eins zu hundert. Doch je näher du dem Gipfel kommst, desto stärker wird die Freude in dir. Dein Geist hebt ab. Du hast es dir verdient, es war nicht umsonst. Je mehr du dafür bezahlt hast, desto mehr wirst du es genießen. Und dann stell dir vor, du lässt dich von einem Helikopter auf dem Gipfel absetzen. Dann stehst du auf dem Gipfel und wirst dich einfach nur dumm umschauen – was machst du hier eigentlich? Innerhalb von fünf Minuten bist du durch und sagst: »Jetzt hab ich alles gesehen! So was Besonderes ist es doch gar nicht!«

Die Reise erschafft das Ziel. Das Ziel sitzt nicht einfach da am Ende der Reise, sondern wird durch jeden Schritt der Reise erschaffen. Die Reise ist das Ziel. Die Reise und das Ziel sind nicht getrennt, sind keine zwei unterschiedlichen Dinge. Der Zweck und die Mittel sind keine unterschiedlichen Dinge. Das Ziel erstreckt sich über den gesamten Weg; die Mittel enthalten das Ziel bereits in sich.

Versäume daher niemals eine Gelegenheit, zu leben, lebendig zu sein, Verantwortung zu übernehmen, Verpflichtungen einzugehen, dich einzubringen. Sei kein Feigling. Stelle dich dem Leben, begegne ihm. Dann wird sich langsam, ganz langsam etwas in dir herauskristallisieren.

Ja, es braucht seine Zeit. Das Pferdchen hat Recht: »Wenn man erst einmal echt ist, dann sind einem schon die meisten Haare weggeliebt worden, und die Augen fallen dir heraus und deine Gelenke sind ausgeleiert und du bist ganz abgewetzt. Aber das macht alles nichts, denn wenn du erst einmal echt bist, kannst du gar nicht mehr hässlich sein, höchstens für Leute, die keine Ahnung haben.«

Es ist ewig. Aber man muss es sich verdienen. Lasst es mich wiederholen: Im Leben bekommt man nichts umsonst. Und wenn man es doch bekäme, wäre es wertlos. Man muss für alles bezahlen, und je mehr man bezahlt, desto mehr wird man davon haben. Wenn man bereit ist, sein ganzes Leben für die Liebe zu riskieren, wird die Belohnung groß sein. Die Liebe wird einen auf sich selbst zurückwerfen; sie wird einem Reflexionen von Meditation geben. Die ersten Blicke auf Meditation erlangt man in der Liebe. Und dann entsteht ein großes Verlangen, mehr als nur einen Blick darauf zu werfen und diesen Zustand kennen zu lernen, sodass man für immer und ewig darin verweilen kann. Liebe gibt einen Vorgeschmack auf Meditation.

Eine orgasmische Liebeserfahrung ist die erste Erfahrung von *Samadhi*, von Ekstase. Sie wird deinen Durst wecken. Jetzt weißt du, was möglich ist, jetzt kannst du dich mit dem Alltäglichen nicht mehr zufrieden geben. Das Heilige hat dich durchdrungen, das Heilige hat dein Herz erreicht. Gott hat dein Herz berührt, und du hast diese Berührung gespürt. Jetzt möchtest du für immer in diesem Augenblick verweilen, du möchtest, dass dieser Augenblick sich auf dein ganzes Leben ausdehnt. Er wird es tun – und solange er es nicht tut, bleibt der Mensch unbefriedigt.

Liebe schenkt dir zum einen große Freude und zum anderen einen großen Durst nach ewiger Freude.

❧

Eine orgasmische Liebeserfahrung ist die erste Erfahrung von »Samadhi«, von Ekstase. Sie wird deinen Durst wecken. Jetzt weißt du, was möglich ist, jetzt kannst du dich mit dem Alltäglichen nicht mehr zufrieden geben. Das Heilige hat dich durchdrungen, das Heilige hat dein Herz erreicht.

❧

Am Kreuzweg

Wenn die Ewigkeit in die Zeit eindringt

Die Zeit ist das, worin wir leben – sie ist horizontal. Sie führt von A nach B nach C nach D; sie verläuft in einer Linie. Die Ewigkeit ist vertikal. Sie führt nicht von A nach B und von B nach C. Sie führt von A zu mehr A und zu noch mehr A. Sie führt immer weiter nach oben. Es passiert selten, dass die Ewigkeit in die Zeit eindringt, denn das geschieht nur, wenn die Meditation eine gewisse Reife erreicht hat, wenn man den innersten Kern berührt hat.

Dann wird einem plötzlich bewusst, dass man eine Kreuzung ist, ein Kreuzweg. Eine Linie verläuft horizontal – mit anderen Worten, mittelmäßig, gewöhnlich, bedeutungslos – und führt schließlich zum Tod. Die horizontale Linie bewegt sich fortwährend in Richtung Grab.

Ich habe euch schon einmal die folgende Geschichte erzählt, die in mehrfacher Hinsicht bedeutungsvoll ist:

Ein großer König erblickte im Traum einen Schatten und bekam es sogar im Traum mit der Angst. Er fragte den Schatten: »Was willst du?«

Der Schatten antwortete: »Ich bin nicht gekommen, weil ich etwas von dir will. Ich bin nur hier, um dich zu informieren, dass du heute Abend, wenn die Sonne untergeht, am richtigen Ort deinen letzten Atemzug tun wirst. Normalerweise komme ich nicht, um die Menschen zu informieren, doch du bist ein großer Herrscher; es geschieht nur, um dir Achtung zu erweisen.«

Der König bekam so viel Angst, dass er schweißgebadet erwachte und nicht wusste, was er tun sollte. Das Einzige, was ihm einfiel, war, alle Weisen, Astrologen und Propheten herbeizurufen, damit sie die Bedeutung des Traumes klären sollten. Traumdeutung hat nicht erst mit Sigmund Freud begonnen – sie begann bereits mit diesem Herrscher vor tausend Jahren!

Mitten in der Nacht wurden alle Propheten seiner Hauptstadt, alle Weisen, all jene, die auf irgendeine Weise mit der Zukunft befasst waren – alle Traumdeuter –, zusammengerufen und über den Traum informiert. Die Geschichte war einfach, doch sie hatten alle ihre Schriften mitgebracht und begannen miteinander zu streiten: »Das kann nicht die Bedeutung sein.« Oder: »Das muss die richtige Deutung sein.«

Sie verschwendeten Zeit, die Sonne begann aufzugehen. Der König hatte einen alten Diener, den er wie einen Vater behandelte, weil sein Vater sehr früh gestorben war. Der Sohn war damals sehr jung gewesen, und sein Vater übergab diesem Diener die Vormundschaft über ihn und trug ihm auf: »Trage Sorge dafür, dass er mein Nachfolger wird und das Reich nicht verliert.« Der Diener hatte dafür gesorgt, und nun war er sehr alt. Aber er wurde nicht wie ein Diener behandelt, er wurde beinahe wie ein Vater geachtet. Er näherte sich dem Herrscher und sagte: »Ich möchte dir zwei Dinge sagen. Du hast immer auf mich gehört. Ich bin kein Prophet und ich bin kein Astrologe und ich weiß nichts über den Unsinn, der hier vor sich geht, mit Schriften und all dem. Aber eines ist sicher – sobald die Sonne aufgegangen ist, ist der Sonnenuntergang nicht mehr weit. Und diese Leute, diese so genannten weisen Leute, sind selbst in Jahrhunderten niemals zu einem Schluss gekommen. In nur einem Tag … sie werden streiten, argumentieren, sich gegenseitig widerlegen, aber du kannst nicht hoffen, dass sie zu einem gemeinsamen Konsens kommen, zu einer einzigen Schlussfolgerung.

Lass sie also diskutieren. Mein Vorschlag ist folgender: »Du besitzt das beste Pferd der Welt« – es war noch zur Zeit der Pferde –, »also nimm das Pferd und reite so schnell du kannst aus diesem Palast. So viel ist sicher: Du solltest nicht hier sein, du solltest weit weg sein.«

Das war logisch und rational, selbst wenn es ganz simpel klang. Der König ließ die intelligenten und weisen Männer weiter argumentieren – sie bemerkten nicht einmal, dass er weggegangen war. Und er besaß ja wirklich ein Pferd, das ein Königreich wert war. Er war sehr stolz auf dieses Pferd, denn es gab keines von vergleichbarer Kraft. Und es herrschte eine tiefe Liebe zwischen dem Pferd und dem König, eine tiefe Affinität, eine Art von Synchronizität. Der König sagte also zu dem Pferd: »Es scheint, als ob mein Tod nahe wäre. Dieser Schatten war nichts anderes als der Tod. Du musst mich also so weit wie möglich von diesem Ort fortbringen.«

Das Pferd nickte mit dem Kopf. Und es hielt sein Versprechen. Gegen Abend, als die Sonne unterging, waren sie Hunderte von Meilen von ihrem Königreich entfernt. Sie hatten in Verkleidung ein anderes Königreich betreten. Der König war sehr glücklich. Er stieg ab und band das Pferd an einen Baum. Weil keiner von beiden den ganzen Tag über gegessen hatte, sagte er zu dem Pferd: »Ich danke dir, mein Freund. Jetzt werde ich mich um Futter für dich kümmern und um Nahrung für mich. Wir sind so weit weg, dass wir keine Angst mehr zu haben brauchen. Doch du hast die Geschichten bestätigt, die über dich erzählt werden. Du hast dich fast wie der Wind bewegt, mit solcher Geschwindigkeit.«

Doch als er das Pferd an den Baum band, erschien der dunkle Schatten und sagte zum König: »Ich hatte schon Angst, dass du es nicht schaffen würdest, aber dein Pferd ist großartig. Ich bedanke mich ebenfalls bei ihm – dies ist der Ort und dies ist die Zeit. Und ich hatte mir Sorgen gemacht – du warst so weit entfernt, wie konnte ich dich da hierher bringen? Das Pferd hat deinem Schicksal gedient.«

Das ist eine seltsame Geschichte, doch sie zeigt, dass du immer im Grab landen wirst, wenn du horizontal lebst, mit welcher Geschwindigkeit du dich auch bewegst. Es ist seltsam, dass unser Grab jeden Augenblick etwas näher rückt – selbst wenn du dich überhaupt nicht bewegst, rückt dein Grab dir näher. Die horizontale Linie der Zeit entspricht also, mit anderen Worten, der Sterblichkeit des Menschen.

Doch wenn du das Zentrum deines Wesens erreichen kannst, die Stille deines innersten Zentrums, dann kannst du zwei Wege erkennen: einen horizontalen und einen vertikalen.

Es wird euch vielleicht überraschen zu erfahren, dass das christliche Kreuz überhaupt kein christliches Symbol ist. Es ist ein altes östliches, arisches Symbol – die Swastika. Darum hat Adolf Hitler, der glaubte, dass er von reinstem arischem Blut sei, die Swastika als sein Symbol gewählt. Eine Swastika ist nichts anderes als zwei Linien, die sich kreuzen. In Indien beginnen alle Geschäftsleute ihre Bücher zum Jahresanfang mit einer Swastika, auch wenn sie nicht wissen, warum. Das christliche Kreuz ist einfach nur ein Teil der Swastika. Doch es repräsentiert dieselbe Sache: die Vertikale und die Horizontale. Christi Hände sind horizontal; sein Kopf und sein Wesen weisen in eine andere Richtung.

In einem Augenblick der Meditation erkennst du plötzlich, dass du dich in zwei Richtungen bewegen kannst – horizontal oder vertikal. Die Vertikale besteht aus Stille, Seligkeit, Ekstase; die Horizontale besteht aus den Händen, der Arbeit, der Welt.

In einem Augenblick der Meditation erkennst du plötzlich, dass du dich in zwei Richtungen bewegen kannst – horizontal oder vertikal. Die Vertikale besteht aus Stille, Seligkeit, Ekstase; die Horizontale besteht aus den Händen, der Arbeit, der Welt.

Sobald ein Mensch sich selbst als Kreuzung, als Kreuzweg erkannt hat, kann er nicht uninteressiert bleiben, muss er sich einfach für die Vertikale interessieren. Die Horizontale kennt er bereits, doch die Vertikale öffnet ein Tor zur Ewigkeit, wo der Tod nicht existiert, wo man einfach mehr und mehr Teil des kosmischen Ganzen wird – wo man alle Bindungen verliert, selbst die Bindung an den Körper.

Gautama Buddha pflegte zu sagen: »Geburt ist Schmerz, Leben ist Schmerz, Tod ist Schmerz.« Damit wollte er sagen, dass es dauerndes Elend bringt, dauernden Schmerz, wenn man sich auf der horizontalen Linie bewegt. Dein Leben kann dann kein Leben der Freude und des Tanzes sein. Wenn das alles ist, ist Selbstmord die einzige Lösung. Das ist die Folgerung der zeitgenössischen, westlichen Philosophie des Existenzialismus – der Philosophie Jean Paul Sartres, Jaspers, Heideggers, Kierkegaards und anderer –, dass das Leben ohne Bedeutung ist. Und auf der horizontalen Ebene ist es das auch, denn es ist einfach nur Qual und Schmerz und Krankheit und Siechtum und Alter. Und du bist in einen kleinen Körper eingesperrt, während dein Bewusstsein so weit wie das ganze Universum ist.

Sobald du die Vertikale entdeckt hast, beginnst du dich auf dieser Linie zu bewegen. Die vertikale Linie bedeutet nicht, dass du der Welt entsagen musst, doch sie bedeutet ganz sicher, dass du nicht mehr von dieser Welt bist, dass die Welt eine Randerscheinung wird, dass sie an Wichtigkeit verliert. Es bedeutet nicht, dass du die Welt aufgeben und dich in die Berge und ins Kloster zurückziehen musst. Es bedeutet einfach nur, dass du anfängst – wo immer du bist –, ein inneres Leben zu führen, das zuvor nicht möglich war.

❧

Sobald du die Vertikale entdeckt hast, beginnst du dich auf dieser Linie zu bewegen. Die vertikale Linie bedeutet nicht, dass du der Welt entsagen musst, doch sie bedeutet ganz sicher, dass du nicht mehr von dieser Welt bist, dass die Welt eine Randerscheinung wird, dass sie an Wichtigkeit verliert.

❧

Zuvor warst du extravertiert; nun wirst du introvertiert. Was den Körper betrifft, so brauchst du dich nur daran zu erinnern, dass du nicht der Körper bist. Doch der Körper kann dir auf vielerlei Weise helfen, dich auf der vertikalen Linie zu bewegen. Das Auftauchen der vertikalen Linie, und sei es nur ein einziger Lichtstrahl, der in die Dunkelheit deines horizontalen Lebens einbricht, ist der Anfang der Erleuchtung.

Du wirst noch genauso aussehen, doch du bist nicht mehr derselbe Mensch. Für alle, die klar sehen können, wirst du auch nicht mehr genauso aussehen – und zumindest für dich selbst wirst du nie mehr genauso aussehen und nie mehr derselbe sein. Du wirst in der Welt sein, doch die Welt nicht in dir. Ehrgeiz, Verlangen, Neid werden sich langsam auflösen. Es braucht keine Anstrengung, sie loszulassen, deine Bewegung auf der vertikalen Linie genügt, und sie werden verschwinden – weil sie auf der vertikalen Linie nicht existieren können. Sie existieren nur in der Dunkelheit der horizontalen Linie, wo alle miteinander konkurrieren, wo alle voller Verlangen, voller

Machthunger sind, wo alle dominieren und jemand Besonderer sein wollen.

Auf der vertikalen Linie verschwinden all diese Dummheiten einfach. Du wirst so leicht, so schwerelos wie eine Lotosblume – sie steht im Wasser, doch das Wasser berührt sie nicht. Du bleibst in der Welt, doch die Welt hat keinen Einfluss mehr auf dich. Im Gegenteil, du beginnst die Welt zu beeinflussen – nicht durch eine bewusste Anstrengung, sondern einfach durch dein reines Sein, deine Präsenz, deine Anmut, deine Schönheit. Wenn diese Qualität mehr und mehr in dir wächst, beginnt sie sich auch um dich herum auszubreiten. Sie wird die Menschen berühren, die ein offenes Herz haben, und wird den Menschen Angst machen, die mit einem verschlossenen Herzen gelebt haben – alle Fenster und alle Türen verschlossen. Sie wollen mit solch einem Menschen nichts zu tun haben. Und um vor sich selber zu begründen, warum sie mit solch einem Menschen nichts zu tun haben wollen, werden sie tausend Entschuldigungen erfinden, tausend Lügen. Doch Tatsache ist, dass sie Angst haben, entlarvt zu werden.

Ein Mensch, der sich vertikal bewegt, wird mehr und mehr zu einem Spiegel. Wenn du ihm nahe kommst, kannst du dein wahres Gesicht erkennen – du wirst deine Hässlichkeit erkennen, deinen ständigen Ehrgeiz, deine Bettelschale.

Vielleicht kann euch hier eine andere Geschichte weiterhelfen:

Eines Tages betrat ein Mann, ein Bettler mit einer Bettelschale, früh am Morgen den Garten des Königs, denn der König pflegte zu einem Morgenspaziergang dorthin zu gehen. Zu einer anderen Zeit war es unmöglich, den König zu treffen – vor allem für einen Bettler, denn die ganze Bürokratie würde ihn daran hindern. Daher hatte er eine Zeit gewählt, in der es keine Bürokraten gab, in der der König allein sein wollte, in der Stille der Natur, um all ihre Schönheit und Lebendigkeit in sich aufzunehmen. Dort begegnete ihm der Bettler.

Der König sagte: »Das ist nicht die richtige Zeit … ich empfange jetzt niemanden.«

Der Bettler antwortete: »Ich bin ein Bettler. Deine Bürokratie ist zu kompliziert, für einen Bettler ist es unmöglich, zu dir vorzudringen. Ich bestehe deshalb darauf, dass du mir jetzt eine Audienz gibst.«

Der König dachte nur daran, wie er ihn loswerden könnte. Er fragte ihn also: »Was möchtest du? Sag es einfach, und du wirst es bekommen. Aber störe nicht meine morgendliche Stille.«

Der Bettler meinte: »Überleg es dir zweimal, bevor du mir etwas anbietest.«

Der König antwortete: »Du scheinst ein seltsamer Mensch zu sein. Zuerst betrittst du ohne Erlaubnis den Garten und bestehst auf einer Audienz beim König. Und nun biete ich dir an, was immer du willst; du musst es nur sagen. Aber störe nicht meinen Frieden und meine innere Stille.«

Der Bettler lachte. Er sagte: »Ein Frieden, der gestört werden kann, ist kein Frieden. Und eine Stille, die gestört werden kann, ist nur ein Traum, keine Realität.«

Nun betrachtete der König den Bettler etwas genauer. Er hatte da etwas von enormer Wichtigkeit gesagt. Der König dachte: »Er scheint kein gewöhnlicher Bettler zu sein, so viel ist sicher.« Und der Bettler meinte erneut: »Denk noch einmal darüber nach, was du mir anbietest, denn ich möchte nur, dass du meine Bettelschale mit etwas füllst, dann werde ich gehen. Aber sie muss voll sein.«

Der König lachte. Er erwiderte: »Du bist verrückt. Glaubst du denn, dass sich deine Bettelschale nicht füllen lässt?« Er rief seinen Schatzmeister und wies ihn an: »Fülle seine Bettelschale mit Diamanten und Edelsteinen.«

Der Schatzmeister wusste nicht, wie ihm geschah. Niemand füllt die Bettelschale eines Bettlers mit Diamanten. Doch der Bettler ermahnte den Schatzmeister: »Denk daran, wenn die Schale nicht voll ist, bewege ich mich nicht von hier weg.« Es war ein Kräftemessen zwischen einem Bettler und einem König.

Und dann folgt eine sehr seltsame Geschichte ... Als die Diamanten in die Schale gefüllt wurden, verschwanden sie, sobald sie eingefüllt waren. Der König war sehr verlegen. Doch er sagte: »Was immer auch geschieht und selbst wenn meine ganze Schatzkammer dabei draufgeht, ich lasse mich nicht von einem Bettler besiegen. Ich habe schon große Herrscher besiegt.«

Und die ganze Schatzkammer verschwand! Das Gerücht davon gelangte in die Hauptstadt, und Tausende von Menschen versammelten sich, um zu sehen, was hier geschah. Sie hatten den König noch nie in einem solchen Zustand gesehen – zitternd und am Rande des Nervenzusammenbruchs..

Als schließlich in der Schatzkammer nichts mehr übrig war und die Bettelschale immer noch so leer war wie zuvor, fiel der König vor dem Bettler auf die Knie und sagte: »Du musst mir vergeben, ich habe es nicht verstanden. Ich habe niemals zuvor über diese Dinge nachgedacht. Ich habe mein Bestes getan, aber jetzt ... Ich habe nichts mehr, was ich dir anbieten könnte. Ich werde davon ausgehen, dass du mir vergeben hast, wenn du mir das Geheimnis deiner Bettelschale verrätst. Es ist eine seltsame Schale – ein paar Diamanten hätten sie füllen sollen, doch sie hat die komplette Schatzkammer aufgenommen.«

Da lachte der Bettler und sagte: »Du musst dir keine Gedanken machen. Das ist keine Bettelschale. Ich habe einen menschlichen Schädel gefunden und aus ihm habe ich diese Schale gemacht. Und er hat seine alten Gewohnheiten nicht abgelegt. Hast du schon einmal in deine eigene Bettelschale geblickt, in deinen eigenen Kopf? Gib ihm etwas und er wird mehr und mehr und mehr verlangen. Er kennt nur eine Sprache – ›mehr‹. Er ist immer leer, er ist immer ein Bettler.«

Auf der horizontalen Linie gibt es nur Bettler, denn alle streben nach mehr, und dieses Mehr kann nicht erfüllt werden – nicht dass man nicht eine Position erreichen könnte, die man sich wünscht, doch in dem Augenblick, in dem man sie erreicht hat, gibt es bereits höhere Positionen. Für einen Moment entsteht vielleicht ein Aufflackern von Glück, doch im nächsten Moment taucht schon wieder dieselbe alte Verzweiflung auf und dasselbe Streben nach mehr. Man kann die Idee des Mehr niemals erfüllen. Sie ist von Natur aus unerfüllbar. Und das ist die horizontale Linie, die Linie des Mehr und Mehr und Mehr.

Man kann die Idee des Mehr niemals erfüllen. Sie ist von Natur aus unerfüllbar. Und das ist die horizontale Linie, die Linie des Mehr und Mehr und Mehr.

Was ist dann die vertikale Linie? Sie bedeutet, weniger und weniger und weniger zu sein, bis zum Punkt äußerster Leere, zu dem Punkt, an dem man niemand mehr ist. Nur ein Name – nicht einmal auf Sand, sondern auf Wasser geschrieben; kaum hat man ihn geschrieben, schon ist er verschwunden. Der Mensch der vertikalen Linie ist der wahre *Sannyasin*, der ungeheuer glücklich ist, niemand zu sein, ungeheuer glücklich über die innere Reinheit der Leere, denn nur Leere kann rein sein – der absolut zufrieden ist mit seiner Nacktheit, denn nur das Nichts kann im Einklang mit dem Universum sein.

Sobald es zu diesem Einklang mit dem Universum kommt, gibt es dich in gewissem Sinne nicht mehr – im alten Sinne gibt es dich nicht mehr. Doch zum ersten Mal bist du das ganze Universum. Selbst die entferntesten Sterne sind in dir, dein Nichts kann sie enthalten. Die Blumen und die Sonne und der Mond … und die ganze Musik der Existenz. Du bist kein Ego mehr, dein »Ich« ist verschwunden. Aber das bedeutet nicht, dass du verschwunden bist. Im Gegenteil, sobald dein »Ich« verschwunden ist, bist *du* erschienen.

Es ist solch eine große Ekstase, ohne das Gefühl eines »Ich« zu sein, ohne das Gefühl eines Egos, ohne nach immer mehr zu suchen. Wonach könntest du noch suchen? Du hast das Nichts – und in diesem Nichts bist du, ohne etwas erobern zu müssen, das ganze Universum geworden. Nun singen die Vögel nicht mehr außerhalb von dir. Sie scheinen nur außerhalb, weil dein Körper diese Grenze erschafft.

❧

Es ist solch eine große Ekstase, ohne das Gefühl eines »Ich« zu sein, ohne das Gefühl eines Egos, ohne nach immer mehr zu suchen. Wonach könntest du noch suchen? Du hast das Nichts – und in diesem Nichts bist du, ohne etwas erobern zu müssen, das ganze Universum geworden.

❧

Auf der vertikalen Linie wirst du mehr und mehr Bewusstsein und immer weniger Körper. Die ganze Identifikation mit dem Körper verschwindet. Im Nichts sind diese Vögel in dir; diese Blumen, diese Bäume und dieser wunderbare Morgen sind in dir. Tatsächlich gibt es nun kein »außerhalb« mehr. Alles ist zu deiner eigenen Vision geworden.

Und du könntest kein reicheres Leben haben, als wenn alles zu deinem Inneren wird. Wenn die Sonne und der Mond und die Sterne und die ganze Unendlichkeit von Zeit und Raum in dir sind … was könntest du dir mehr wünschen?

Genau das ist die Bedeutung von Erleuchtung: als Ego so nichtexistent zu werden, dass die ganze ozeanische Existenz Teil von dir wird.

Kabir, ein großer indischer Mystiker, war ungebildet, doch er hat enorm bedeutungsvolle Aphorismen geschrieben. Einen seiner Gedanken korrigierte er, kurz bevor er starb. Als er jung gewesen war, hatte er einige wundervolle Sätze geschrieben: »So wie ein Tautropfen in der frühen Morgensonne vom Lotosblatt gleitet, leuchtend wie eine Perle, in den Ozean … dasselbe ist mir geschehen.« Seine Worte waren: »Ich war auf der Suche, mein Freund. Statt mich selbst zu finden, habe ich mich im Kosmos verloren. Der Tautropfen hat sich im Ozean aufgelöst.« Doch kurz bevor er starb, als er schon dabei war, seine Augen zu schließen, bat er seinen Sohn Kamal: »Bitte ändere meine Aussage.«

Kamal antwortete: »Ich hatte immer schon den Verdacht, dass etwas daran falsch war.« Und er zeigte ihm seine Schriften, in denen er es bereits korrigiert hatte. Die Korrektur – noch bevor Kabir selbst es erkannt hatte – war bereits ausgeführt. Darum hatte Kabir ihn Kamal genannt – »du bist ein Wunder«. Denn Kamal bedeutet »Wunder«. Und der Mann war ein Wunder. Er hatte die Zeilen bereits so verändert, wie Kabir es wünschte: »Mein Freund, ich war auf der Suche nach mir selbst. Doch statt mich selbst zu finden, fand ich die ganze Welt, das ganze Universum. Der Tautropfen hat sich nicht im Ozean aufgelöst, sondern der Ozean im Tautropfen.«

Und wenn der Ozean sich im Tautropfen auflöst, verliert der Tautropfen einfach nur seine Grenzen, nichts weiter.

Auf der vertikalen Linie wirst du weniger und weniger und weniger. Und eines Tages bist du nicht mehr vorhanden.

Der Zenmeister Rinzai hatte eine absurde, aber wunderbare Angewohnheit. Jeden Morgen beim Aufwachen, bevor er die Augen öffnete, stellte er die Frage: »Rinzai, bist du noch da?«

Seine Schüler fragten: »Was soll das denn bedeuten?«

Er erwiderte: »Ich warte auf den Augenblick, in dem die Antwort ›Nein‹ sein wird: ›Nein. Die Existenz ist, doch Rinzai ist nicht mehr.‹« Das ist der höchste Gipfel, den das menschliche Bewusstsein erreichen kann. Das ist der höchste Segen. Und solange man diesen Gipfel nicht erreicht hat, wandert man weiter auf dunklen Pfaden, blind, leidend, unglücklich. Man kann viel Wissen ansammeln, ein großer Gelehrter werden, aber das hilft alles nichts. Nur eine Sache, eine ganz einfache Sache ist die Essenz der gesamten religiösen Erfahrung, und das ist Meditation.

Du gehst nach innen. Es ist schwierig, dich aus der Masse deiner Gedanken zu lösen, doch du bist kein Gedanke. Du kannst dich aus ihrer Masse lösen, du kannst eine Entfernung zwischen dich und deine Gedanken legen. Und in dem Maße, in dem die Entfernung wächst, beginnen die Gedanken abzufallen wie Blätter, die abgestorben sind – denn du und deine Identifizierung mit den Gedanken gaben ihnen Nahrung. Wenn du ihnen keine Nahrung mehr gibst, können die Gedanken nicht mehr existieren. Oder hast du schon einmal einen Gedanken getroffen, der alleine irgendwo herumstand?

Also versuche einfach gleichgültig zu sein – das Wort, das Gautama Buddha verwendete, ist *upeksha*. Sei einfach dem ganzen Verstand gegenüber gleichgültig, und dadurch wird eine Distanz entstehen – und dann kommt ein Punkt, an dem keine Nahrung mehr zu den Gedanken fließt. Sie verschwinden einfach; sie sind wie Seifenblasen. Und in dem Augenblick, in dem alle Gedanken verschwinden, wirst du dich in derselben Lage befinden und fragen: »Rinzai, bist du noch da?« Und du wirst auf den großen Augenblick warten, diesen großartigen, seltenen Moment, in dem die Antwortet lautet: »Nein. Wer ist dieser Rinzai?«

Diese Stille ist Meditation – und sie ist keine Begabung. Nicht jeder kann ein Picasso sein, ein Rabindranath, ein Michelangelo – das sind Begabungen. Doch jedermann kann erleuchtet werden, denn das ist keine Begabung; es ist deine innerste Natur, derer du dir nicht bewusst bist. Und du wirst unbewusst bleiben, solange du von Gedanken umgeben bist. Das Bewusstsein deiner letzten Realität zeigt sich nur, wenn nichts da ist, um es zu verhindern, wenn das Nichts dich umgibt.

Nicht jeder kann ein Picasso sein, ein Rabindranath, ein Michelangelo – das sind Begabungen. Doch jedermann kann erleuchtet werden, denn das ist keine Begabung; es ist deine innerste Natur, derer du dir nicht bewusst bist.

Die vertikale Linie tritt selten auf. Sie ist vielleicht das Einzige, was selten ist in der Existenz, denn sie nimmt dich auf eine Reise zur Ewigkeit und Unsterblichkeit mit. Die Blumen, die an diesem Weg erblühen, sind für den Verstand nicht vorstellbar, und die Erfahrungen, die man dabei macht, sind nicht erklärbar. Doch auf eine seltsame Art und Weise wird der Mensch selbst zum Ausdruck seiner Erfahrungen. Seine Augen zeigen die Tiefe seines Herzens, seine Gesten zeigen die Anmut der vertikalen Bewegung. Sein ganzes Leben strahlt, pulsiert und erzeugt ein Feld von Energie.

Die Menschen, die voreingenommen sind, die ihre Schlüsse bereits gezogen und ihre Entschlüsse gefasst haben ... sie tun mir Leid. Doch jene, die offen sind, unvoreingenommen, die noch keine Schlüsse gezogen haben, sie werden sofort das Pulsieren, das Strahlen wahrnehmen. Und zwischen dem Herzen eines Menschen der Vertikalen und dem Herzen eines Menschen, der noch nicht vertikal ist, kann eine gewisse Synchronizität stattfinden ... In dem Augenblick, in dem die Synchronizität geschieht, in diesem Moment beginnst du dich ebenfalls vertikal zu bewegen.

Das sind einfach Worte, um Dinge zu erklären, die sich mit Worten nicht ausdrücken lassen.

Die Gesetze des Alterns

Alle Menschen altern. Von dem Tag an, an dem du geboren wurdest, bist du gealtert – jeden Augenblick, jeden Tag. Die Kindheit ist im Nu vorbei, ebenso die Jugend – nur das Alter endet nie, weil es beendet wird! Das ist die einzigartige Qualität des Alters, dass es dich zur letzten Ruhe führt. Doch wenn ihr ein paar Gesetze für das Alter wollt ... Soweit es mich betrifft, war ich niemals ein Kind, war ich nie ein Jugendlicher und werde ich auch niemals alt werden und sterben. Ich kenne das eine in mir, das vollkommen unveränderlich und ewig ist. Doch um euretwillen ...

Es gibt viele Gesetze über das Alter, denn überall auf der ganzen Welt werden die Menschen alt. Und viele Philosophen haben darüber nachgedacht, was das Alter ist.

Das erste Gesetz ist de Nevers letztes Gesetz; es handelt offensichtlich vom Alter, und es kann das erste und das letzte sein: »Spekuliere niemals über das, was sicher ist.«

Ihr wisst genau, dass ihr alt werdet, also spekuliert nicht darüber, denn das bewirkt nur, dass ihr noch unglücklicher werdet.

Es ist ein wundervolles Gesetz: »Spekuliere niemals über das, was sicher ist.« Tatsächlich ist nichts außer dem Tod sicher im Leben; über alles kann man spekulieren außer über den Tod. Und das Alter ist nur das Tor zum Tod.

»Alter ist, wenn man statt Gefühlen Symptome entwickelt.«

»Du weißt, dass du alt wirst, wenn ein Mädchen dich abweist und du nur Erleichterung verspürst.«

»Alter ist, wenn man das Licht aus Sparsamkeit ausmacht statt aus Romantik.«

»Das Alter ist die Zeit im Leben, in der deine Vorstellung vom Vorwärtskommen darin besteht, nicht zurückzubleiben.«

»Alter ist, wenn du noch so viel tun könntest wie immer, es aber lieber nicht machst.«

Das Alter ist eine geheimnisvolle Erfahrung, doch all diese Gesetze sind vom westlichen Verstand entwickelt worden. In der ganzen Literatur des Ostens habe ich nicht einen einzigen Autor gefunden, der auf diese Weise über das Alter spricht. Im Gegenteil, hier ist das Alter immer enorm gepriesen worden. Wenn dein Leben sich auf der horizontalen Ebene bewegt hat, bist du einfach nur gealtert, doch wenn dein Leben, dein Bewusstsein, sich vertikal bewegt hat, nach oben, dann hast du die Schönheit und Herrlichkeit des Alters erreicht. Im Osten war Alter immer synonym mit Weisheit.

Das sind die zwei Wege: Einer ist horizontal, von der Kindheit über die Jugend zum Alter und zum Tod; der andere ist vertikal, von der Kindheit über die Jugend zum Alter und zur Unsterblichkeit. Der qualitative Unterschied zwischen diesen beiden Dimensionen ist enorm, ist unermesslich. Ein Mensch, der erst jung und dann alt ist und schließlich stirbt, war immer nur mit seinem Körper identifiziert. Er weiß nichts über sein Sein, denn das Sein wird niemals geboren und stirbt niemals; es ist immer, es war immer und es wird immer sein. Es entspricht der Ewigkeit.

Auch auf der vertikalen Linie wird aus dem Kind ein Jugendlicher, doch der Jugendliche auf der vertikalen Linie unterscheidet sich vom Jugendlichen auf der horizontalen Linie. Die Kindheit ist unschuldig, doch von diesem Punkt an eröffnen sich diese beiden unterschiedlichen Dimensionen. Der Jugendliche auf der horizontalen Linie kennt nichts außer Sinnesfreuden, Sexualität und alle Arten von Dummheiten. Der Jugendliche auf der vertikalen Linie ist auf der Suche nach der Wahrheit, auf der Suche nach dem Leben – in ihm ist ein Verlangen, sich selbst kennen zu lernen.

Auf der horizontalen Linie ist das Alter einfach nur Zittern, Angst vor dem Tod; es gibt keine Gedanken außer an das Grab und die Dunkelheit, die immer dunkler und dunkler wird. Man sieht sich selbst nur noch als Skelett. Auf der vertikalen Linie ist das Alter ein Feiern; der Mensch ist schöner, als er jemals zuvor war.

❧

Auf der horizontalen Linie ist das Alter einfach nur Zittern, Angst vor dem Tod; es gibt keine Gedanken außer an das Grab und die Dunkelheit, die immer dunkler und dunkler wird. Man sieht sich selbst nur noch als Skelett. Auf der vertikalen Linie ist das Alter ein Feiern; der Mensch ist schöner, als er jemals zuvor war.

❧

Die Jugend ist ziemlich dumm – sie muss so sein, denn sie ist unerfahren. Doch das Alter ist durch alle Erfahrungen gegangen – gut und schlecht, richtig und falsch – und hat einen Zustand erreicht, in dem es durch die Dinge des Körpers und des Verstandes nicht mehr berührt wird. Alter auf der vertikalen Linie hält die Tür offen für den letzten Gast. Es ist nicht das Ende, es ist der Anfang des wirklichen Lebens, des authentischen Seins.

Daher mache ich immer einen Unterschied zwischen Altwerden und Reifwerden. Nur sehr wenige Menschen haben das Glück, reif zu werden. Der Rest der Menschheit wird einfach nur alt – und natürlich bewegen sich alle in Richtung Tod. Nur auf der vertikalen Linie gibt es den Tod nicht; das ist der Weg zur Unsterblichkeit, zur Göttlichkeit. Und wenn man in dieser Dimension alt wird, besitzt man ganz selbstverständlich Anmut und Schönheit, Mitgefühl und Liebe.

Immer und immer wieder lässt sich das feststellen … In den buddhistischen Schriften heißt es, dass Buddha immer schöner wurde, je älter er wurde. Das nenne ich ein wahres Wunder – nicht auf dem Wasser wandeln, jeder Betrunkene kann das versuchen. Nicht Wasser in Wein verwandeln, jeder Kriminelle kann das. Das aber ist ein wahres Wunder: Buddha wurde im Alter schöner, als er in seiner Jugend gewesen war; er wurde unschuldiger als in seiner Kindheit – das ist Wachstum.

Wenn du dich nicht auf der vertikalen Linie bewegst, versäumst du die Gelegenheit, die das Leben darstellt. Doch wenn du dich auf der vertikalen Linie bewegst, kommst du dem Leben jeden Tag näher, statt dich weiter zu entfernen. Dann ist deine Geburt nicht der Anfang vom Sterben, sondern der Anfang von ewigem Leben. Einfach nur zwei unterschiedliche Linien, doch solch ein Unterschied …

Der Westen hat niemals darüber nachgedacht, die vertikale Linie wurde niemals erwähnt, weil die Menschen hier nicht in einer spirituellen Atmosphäre aufgezogen wurden, in der man weiß, dass sich die wahren Reichtümer im Innern befinden. Selbst wenn man im Westen an Gott denkt, sieht man ihn irgendwo außerhalb. Gautama Buddha konnte Gott leugnen – ich leugne Gott –, es gibt keinen Gott aus dem einfachen Grund, dass wir wollen, dass du dich nach innen wendest. Wenn Gott oder etwas Ähnliches existiert, dann muss er in dir gefunden werden. Er muss in deiner eigenen Ewigkeit gefunden werden, in deiner eigenen Ekstase.

Sich selbst nur als Körper und Verstand zu betrachten ist die gefährlichste Vorstellung, die Menschen jemals hatten. Sie zerstört ihre ganze Anmut, ihre ganze Schönheit, denn sie sind ständig am Zittern und fürchten sich vor dem Tod und versuchen, das Alter so fern wie nur möglich zu halten. Wenn man im Westen zu einer älteren Frau sagt: »Du siehst aber jung aus«, und sie weiß, dass sie nicht mehr jung ist, wird sie stundenlang vor dem Spiegel stehen, um zu prüfen, ob noch irgendwo Jugendlichkeit übrig geblieben ist. Aber sie wird es nicht abstreiten, sie wird sich vielmehr sehr darüber freuen. Im Osten sagt niemand zu einer alten Frau: »Du siehst aber jung aus.« Im Gegenteil, das Alter wird so respektiert und geachtet, dass es fast eine Beleidigung wäre, jemandem zu sagen: »Du siehst jünger aus, als du tatsächlich bist.«

❧

Im Osten sagt niemand zu einer alten Frau: »Du siehst aber jung aus.« Im Gegenteil, das Alter wird so respektiert und geachtet, dass es fast eine Beleidigung wäre, jemandem zu sagen: »Du siehst jünger aus, als du tatsächlich bist.«

❧

Ich erinnere mich an einen Vorfall, der geschah, als ich bei einer Familie zu Besuch war, die sich sehr für einen Handleser interessierte. Sie mochten mich sehr und ich kam in der Regel mindestens dreimal im Jahr zu ihnen zu Besuch und blieb dort immer für mindestens drei oder vier Tage. Einmal, als ich dort war, hatten sie, ohne mir vorher etwas davon zu sagen, den Handleser bestellt, damit er sich meine Hände anschauen und etwas dazu sagen sollte. Als ich davon erfuhr, war alles bereits arrangiert, und der Handleser wartete im Wohnzimmer. Also sagte ich: »Okay, genießen wir es einfach!«

Ich zeigte ihm meine Hand; er studierte sie eingehend und meinte dann: »Sie müssen mindestens achtzig Jahre alt sein.« Eine der Töchter regte sich natürlich auf. »Was für ein Unsinn. Was ist denn das für ein Handleser …?«

Damals war ich nicht älter als fünfunddreißig – jeder Blinde hätte den Unterschied erkennen können. Sie war wirklich verärgert und sagte zu mir: »Ich bin fertig mit dem Typ. Was kann er denn schon wissen?«

Ich erwiderte: »Du verstehst das nicht. Du bist sehr westlich, im westlichen Stil erzogen. Du bist im Westen ausgebildet und verstehst nicht, was er wirklich gesagt hat.«

Sie fragte: »Und was hat er gesagt? Es ist doch klar, dass es da nichts zu verstehen gibt. Er hat einfach nur seine Dummheit gezeigt. Du bist ein junger Mann von fünfunddreißig, und er sagt, dass du achtzig Jahre alt bist?«

Da erzählte ich ihr eine Geschichte über Ralph Waldo Emerson. Ein Mann fragte Emerson einmal: »Wie alt sind Sie?«

Emerson antwortete: »Ungefähr dreihundertsechzig Jahre.« Der Mann traute seinen Ohren nicht … und er hatte immer gedacht, Emerson sei ein Mann der Wahrheit! Was war los, war es ein Versprecher gewesen? War er senil geworden? Oder war es ein Scherz?

Um die Dinge klarzustellen, fragte er noch einmal: »Ich habe nicht verstanden, was Sie gesagt haben. Könnten Sie mir sagen, wie alt …?«

Emerson erwiderte: »Sie haben schon richtig verstanden – dreihundertsechzig Jahre.«

Der Mann meinte: »Das kann ich nicht glauben. Sie sehen nicht älter als sechzig aus.«

Emerson sagte darauf: »Auf gewisse Weise haben Sie Recht: Auf der Vertikalen bin ich dreihundertsechzig und auf der Horizontalen bin ich sechzig.«

Möglicherweise war er der erste Mensch im Westen, der von der Horizontalen und der Vertikalen sprach. Emerson war sehr am Osten interessiert und hatte einige Erkenntnisse, die ihn den Sehern der *Upanishaden* näher brachten. Er sagte: »Tatsächlich habe ich sechzig Jahre gelebt; da haben Sie Recht. Doch in den sechzig Jahren habe ich so viel gelebt, wie Sie nicht einmal in dreihundertsechzig Jahren leben könnten. Ich habe sechsmal so viel gelebt.«

Die vertikale Linie zählt keine Jahre, sie zählt Erfahrungen. Und auf der vertikalen Linie befindet sich der ganze Schatz der Existenz – nicht nur Unsterblichkeit, nicht nur ein Gefühl von Göttlichkeit, sondern die erste Erfahrung von Liebe ohne Hass, die erste Erfahrung von Mitgefühl, die erste Erfahrung von Meditation – die erste Erfahrung der ungeheuren Explosion der Erleuchtung.

Es ist kein Zufall, dass im Westen der Begriff Erleuchtung nicht dieselbe Bedeutung hat wie im Osten. Im Englischen spricht man zum Beispiel vom Zeitalter der Aufklärung als dem »Age of Enlightenment«. Und man bezeichnet Menschen wie Bertrand Russell, Jean Paul Sartre und Karl Jaspers als erleuchtete Genies. Man versteht nicht, dass man damit dieses Wort missbraucht, dass man es in den Schmutz zieht. Weder Bertrand Russell noch Jean Paul Sartre noch Karl Jaspers waren erleuchtet.

Erleuchtung geschieht nicht auf der horizontalen Ebene. Selbst im hohen Alter rannte Jean Paul Sartre noch jungen Mädchen hinterher, und Bertrand Russell war unzählige Male verheiratet – und er lebte lange auf der horizontalen Linie, er wurde fast hundert Jahre alt. Doch selbst im hohen Alter waren seine Interessen noch so dumm und belanglos wie die junger Menschen.

Im Osten weiß man, dass Erleuchtung nichts mit Genie und Intellekt zu tun hat, sondern damit, das wahre, authentische Selbst zu entdecken, das Göttliche im eigenen Inneren zu entdecken.

❧

Im Osten weiß man, dass Erleuchtung nichts mit Genie und Intellekt zu tun hat, sondern damit, das wahre, authentische Selbst zu entdecken, das Göttliche im eigenen Inneren zu entdecken.

❧

Ihr braucht euch also über diese Gesetze des Alterns keine Gedanken zu machen. Diese Gesetze beziehen sich alle auf die horizontale Linie. Auf der vertikalen Linie gibt es Liebe, keine Gesetze. Auf der vertikalen Linie macht man die Erfahrung, immer mehr spirituell zu werden und immer weniger körperlich, immer stärker meditativ und immer weniger verstandesbetont, immer mehr göttlich und immer weniger von dieser trivialen materiellen Welt, in die wir so sehr verstrickt sind.

Auf der vertikalen Linie stellt man fest, dass alles Verlangen mehr und mehr verschwindet, die Sexualität verschwindet, der Ehrgeiz verschwindet, der Wille zur Macht verschwindet … die Sklaverei in all ihren Aspekten verschwindet – religiös, politisch, national. Man wird immer mehr zum Individuum. Und während die eigene Individualität immer klarer und strahlender hervortritt, nimmt man die gesamte Menschheit immer mehr als eins wahr – man kann nicht mehr unterscheiden.

Auf der vertikalen Linie gibt es großartige Erfahrungen; auf der horizontalen Linie dagegen gibt es nur den Niedergang. Auf der horizontalen Linie lebt ein alter Mensch in der Vergangenheit. Er denkt an jene schönen Tage zurück, jene wundervollen Nächte, als er noch jung war. Er denkt an die wunderbare Zeit zurück, als er noch keine Verantwortung hatte, als er noch ein Kind war und nach Schmetterlingen jagte. Tatsächlich ist er aber sein ganzes Leben lang hinter Schmetterlingen hergerannt – selbst im hohen Alter.

Das ist es, was auf der horizontalen Linie geschieht – wenn man alt wird, ist man immer stärker von seinen Sehnsüchten besessen, denn jetzt weiß man, dass vor einem nur noch der Tod liegt. Also will man so viel wie möglich genießen, auch wenn das Genießen schwierig wird, weil man körperlich an Energie verloren hat. Also verlegt sich der alte Mann auf der horizontalen Linie auf mentalen Sex; ständig denkt er an Sex. Der alte Mann hat nichts zu tun außer nachzudenken – und an was sollte er sonst denken? Er stellt sich schöne Frauen vor.

Ein alter Mann denkt ständig an die Vergangenheit – das entspricht seiner Psychologie. Ein Kind denkt an die Zukunft, weil es keine Vergangenheit hat; es kann gar nicht an die Vergangenheit denken – es hat kein Gestern. Es denkt an die Tage, die noch kommen werden, das ganze lange Leben. Es hat siebzig Jahre Zeit ... Es möchte schnell groß werden, um all die Dinge tun zu können, die die Erwachsenen tun.

Der alte Mann hat keine Zukunft – die Zukunft bedeutet Tod, und er mag überhaupt nicht über die Zukunft sprechen. Die Zukunft lässt ihn zittern, die Zukunft bedeutet das Grab – also spricht er über die Vergangenheit.

Und dasselbe gilt auch für Länder. Ein Land wie Indien zum Beispiel denkt niemals an die Zukunft. Das bedeutet, dass es alt geworden ist; es ist symptomatisch. Indien denkt immer an die Vergangenheit. Es spielt Dramen aus dem Leben von Rama und Sita, jahrhundertelang dieselbe Geschichte ... jedes Dorf führt diese Dramen auf. Es denkt an Buddha und Mahavira und Adinatha und den Rigveda und die Upanishaden. Alles ist vergangen. Jetzt wartet das Land einfach nur noch auf den Tod; es gibt keine Zukunft.

Nach der indischen Vorstellung – und das ist die Vorstellung eines alten Verstandes, die Idee eines alten Mannes – liegt das beste Zeitalter Millionen von Jahren zurück; es wurde *Satyuga* genannt, das Zeitalter der Wahrheit. Danach begann der Niedergang des Menschen. Man kann die psychologische Parallele erkennen, denn es gibt vier Lebensalter: die Kindheit, die Jugend, die mittleren Jahre und das Alter. Entsprechend diesen vier Altersstufen gibt es in dieser Vorstellung vier Zeitalter. Das erste Zeitalter war unschuldig, so wie ein Kind, sehr ausgeglichen. Als Beispiel wird oft gesagt, es habe vier Beine wie ein Tisch, vollkommen im Gleichgewicht. Und dann beginnt der Niedergang ...

In Indien gab es nie die Vorstellung einer Evolution, sondern stattdessen das genaue Gegenteil. Im Westen gibt es dieses Wort nicht einmal – doch in Indien denkt man in Begriffen von Devolution statt Evolution: »Wir nehmen ab, wir fallen.« Im zweiten Stadium des Falls geht ein Bein verloren; aus dem Tisch wird ein dreibeiniger Hocker. Er ist immer noch im Gleichgewicht, aber nicht mehr so sehr wie mit vier Beinen. Im dritten Stadium geht ein weiteres Bein verloren; nun steht man nur noch auf zwei Beinen, vollkommen unausgeglichen. Und dies ist das vierte Stadium: Man hat nicht einmal mehr zwei Beine, sondern nur noch eines – wie lange kann man darauf stehen?

Das erste Stadium wird *Satyuga* genannt, das Zeitalter der Wahrheit. Das zweite wird einfach mit der Zahl der Beine bezeichnet: *Treta*, weil nur noch drei Beine übrig sind. Das dritte Zeitalter heißt *Dwapar*. *Dwa* ist ein Sanskritwort, das in viele Sprachen eingegangen ist und sich zum Beispiel in die »Zwei« verwandelt hat. Und das vierte Zeitalter wird als *Kaliyuga* bezeichnet, das Zeitalter der Dunkelheit.

Wir leben im Zeitalter der Dunkelheit – es entspricht der Mentalität des alten Mannes, dass vor ihm nur Dunkelheit liegt und nichts anderes. Das Kind denkt an die Zukunft, die goldene Zukunft; der alte Mann denkt an die goldene Vergangenheit. Doch das geschieht nur auf der horizontalen Linie. Auf der vertikalen Linie ist die Vergangenheit golden, die Gegenwart ist golden und die Zukunft ist golden; es ist ein Leben voll großartigen Feierns.

Statt euch also über die Gesetze des Alters zu sorgen, denkt lieber darüber nach, auf welcher Linie euer Zug sich bewegt. Noch ist Zeit, die Züge zu wechseln; es ist immer Zeit, den Zug zu wechseln, denn in jedem Moment steht diese Abzweigung zur Verfügung. Du kannst jederzeit wechseln, von der horizontalen auf die vertikale Linie wechseln; nur das ist von Bedeutung.

Das Kind denkt an die Zukunft, die goldene Zukunft; der alte Mann denkt an die goldene Vergangenheit. Doch das geschieht nur auf der horizontalen Linie. Auf der vertikalen Linie ist die Vergangenheit golden, die Gegenwart ist golden und die Zukunft ist golden; es ist ein Leben voll großartigen Feierns.

Symptome

Der Fremde im Wohnzimmer

Eine ältere Frau sagt, sie habe eine Veränderung in ihrem Verhalten bemerkt, die sie beunruhigt. »Ich empfinde manchmal großen Ärger, ohne besonderen Grund. Es geht meist schnell vorbei, doch früher war ich mir dessen nicht bewusst. Vielleicht war er schon immer da …?«

Nein, doch ab einem bestimmten Alter passiert es, dass sich die Polaritäten verändern. Es ist ein sehr subtiler Prozess.

Jeder Mann besitzt eine Frau in seinem Unbewussten, und jede Frau besitzt einen Mann in ihrem Unbewussten. Bewusst bist du eine Frau, also setzt du deine weiblichen Fähigkeiten ein – und je mehr du sie einsetzt, desto mehr erschöpfen sie sich. Doch das unbenutzte Unbewusste bleibt jung und frisch. Wenn der weibliche Teil zu viel benutzt wurde, wird er nach und nach schwächer, und dann kommt ein Moment, in dem er so schwach wird, dass der unbewusste männliche Teil stärker ist als der weibliche.

Zu Beginn war der weibliche Teil der stärkere – darum warst du eine Frau. Du warst zum Beispiel zu siebzig Prozent weiblich und zu dreißig Prozent männlich – die dreißig Prozent waren unterdrückt, sie wurden durch die siebzig Prozent Weiblichkeit ins Unbewusste verdrängt. Doch die ständige Verwendung des weiblichen Teils macht diesen bewussten Anteil schwächer und schwächer und schwächer. Es kommt ein Augenblick, in dem er unter die Dreißig-Prozent-Marke fällt – dann dreht sich das Rad plötzlich, und der stärkere männliche Anteil übernimmt das Ruder. Er wird sehr stark, und du bist überrascht, weil du bisher nichts von ihm wusstest. Und dasselbe passiert auch bei Männern – Männer werden weiblicher, wenn sie alt werden.

Etwa um das Alter von neunundvierzig, um die Zeit der Menopause, verändert sich das Gleichgewicht in der Frau. Sobald die monatliche Periode aufhört, beginnt sich das Gleichgewicht zu verändern. Früher oder später stellt man fest, dass sich ein ganz neuer Wesenszug einschleicht … seltsam. Man ist verwirrt und ratlos, denn man weiß nicht, wie man mit diesem Fremden umgehen soll. Dieser Fremde war schon immer da – doch er lebte im Keller. Er war niemals Teil deines Haushalts; er ist nie die Treppe hochgekommen. Nun plötzlich taucht er aus dem Keller auf – und nicht nur das, er sitzt im Wohnzimmer und versucht alles mit Beschlag zu belegen! Und er ist sehr stark.

Die einzige Möglichkeit ist also, ihn zu akzeptieren, ihn zu beobachten. Kämpfe nicht mit ihm, versuche nicht, ihn zu unterdrücken. Du kannst ihn jetzt nicht mehr unterdrücken. Werde dir seiner einfach mehr und mehr bewusst, und diese Bewusstheit wird eine vollständig neue Einstellung mit sich bringen. Du wirst erkennen, dass du weder Mann noch Frau bist. Frau zu sein war einfach nur eine Rolle – und nun wird sie von einer anderen Rolle überlagert; der verdrängte Teil ist aufgetaucht. Der unterdrückte Teil ist nun zum Unterdrücker geworden. Doch du bist keines von beiden – nur deshalb ist dieses Spiel möglich.

Wärst du wirklich ausschließlich weiblich, könnten die männlichen Energien niemals von dir Besitz ergreifen. Doch du bist weder Frau noch Mann – früher war der weibliche Teil stärker; er spielte seine Rolle. Nun versucht der andere Teil seine Rolle zu spielen. Alle älteren Frauen werden zunehmend maskulin – das ist der Grund, warum Schwiegermütter so gefährlich sind! Es ist ein ganz natürlicher Vorgang; man kann nichts dagegen tun. Man muss einfach nur bewusst bleiben. Man muss es beobachten und darüber stehen und das ganze Spiel von oben betrachten. Dann wird eine dritte Wesenheit zutage treten, die weder das eine noch das andere ist – sie ist der beobachtende Zeuge, die beobachtende Seele.

Ältere Frauen werden zunehmend maskulin – das ist der Grund, warum Schwiegermütter so gefährlich sind! Es ist ein ganz natürlicher Vorgang; man kann nichts dagegen tun. Man muss einfach nur bewusst bleiben.

Männlichkeit ist ein Aspekt des Körpers, Weiblichkeit ist ein Aspekt des Körpers – der Verstand jagt Schatten, jagt Reflexionen nach. Tiefer in deinem Kern, im innersten Kern deines Wesens, bist du nichts davon – weder Mann noch Frau. Diese Tatsache gilt es also zu verstehen – sobald du das verstanden hast, kannst du über die ganze Sache lachen. Und sobald du das verstanden hast, wird die ganze Kraft des Ärgers, der Härte, verschwinden. Du wirst nicht wieder zur Frau werden, aber du wirst auch kein Mann werden. Du wirst dich vollkommen verändern.

Und das ist es, was der Mensch wirklich ist. Das ist es, was die Religionen als Transzendenz bezeichnen, als Überwindung – und der Mensch ist das einzige Lebewesen, das fähig ist, sich selbst zu überwinden. Das ist seine Schönheit – dass er das Männliche, das Weibliche, diese Rolle, jene Rolle, gut, schlecht, moralisch, unmoralisch überwinden kann. Er kann all das überwinden und zu einem Punkt kommen, an dem er nur noch reines Bewusstsein ist, der Wächter auf dem Hügel. Mach dir also keine Sorgen deswegen – beobachte es einfach! Sei einfach glücklich!

❧

Tiefer in deinem Kern, im innersten Kern deines Wesens, bist du nichts davon – weder Mann noch Frau. Diese Tatsache gilt es also zu verstehen – sobald du das verstanden hast, kannst du über die ganze Sache lachen. Und sobald du das verstanden hast, wird die ganze Kraft des Ärgers, der Härte, verschwinden.

❧

Menopause – nicht nur eine »Frauensache«

Ein achtundvierzigjähriger Mann sagt, er habe eine sexuelle Blockade, die er so erlebt, dass er nicht sagen kann, was er wirklich möchte, wenn er mit einer Frau zusammen ist. Er hat außerdem bemerkt, dass seine Sexualität abzunehmen scheint.

Das ist genau die Zeit, nicht wahr? Irgendwann um das Alter von neunundvierzig kommt auch für Männer die Menopause, nicht nur für Frauen. Die Menopause des Mannes ist sehr subtil, doch sie ist vorhanden – inzwischen wurde das sogar von der Wissenschaft bestätigt. Im *Tantra* ist das seit Jahrhunderten eine bekannte Tatsache … denn im Grunde kann die Chemie von Mann und Frau nicht so unterschiedlich sein. Sie ist anders, doch so groß kann der Unterschied nicht sein.

Wenn die Frau im Alter von zwölf bis vierzehn Jahren sexuell reif wird, wird auch der Mann reif, in einem ähnlichen Alter. Dann wäre es sehr unfair, wenn die Frau um neunundvierzig eine Menopause hat und der Mann nicht; das würde beweisen, dass auch Gott ein männlicher Chauvinist ist! Das wäre unfair, und das ist nicht möglich.

Es wäre sehr unfair, wenn die Frau um neunundvierzig eine Menopause hat und der Mann nicht; das würde beweisen, dass auch Gott ein männlicher Chauvinist ist! Das wäre unfair, und das ist nicht möglich.

Bei Männern ist es etwas anders – deshalb ist es bisher niemals aufgefallen –, doch in den letzten Jahren wurde sehr viel dazu geforscht und man hat herausgefunden, dass es auch eine männliche Menopause gibt. Und so wie die Frau alle achtundzwanzig Tage ihre Periode hat, hat auch ein Mann seine Periode. Drei bis vier Tage lang fällt die Frau in einen depressiven Zustand, einen negativen Zustand – und das geschieht auch beim Mann. Doch weil bei der Frau das Blut sichtbar ist, wundert man sich nicht weiter – die Frau weiß, dass ihre Periode da ist und dass die Depression und Negativität und all das jetzt auftauchen und sie im Innern dunkel und abgründig wird.

Beim Mann ist es nicht so offensichtlich, doch auch bei ihm wird jeden Monat eine gewisse Energie freigesetzt – drei oder vier Tage lang ist auch der Mann ein Opfer von Depression und Negativität. Wenn ihr einige Monate lang Aufzeichnungen macht, werdet ihr bemerken, dass ihr jeweils im Abstand von achtundzwanzig Tagen drei bis vier Tage lang negativ werdet – einfach so, aus keinem besonderen Grund. Führt einfach ein kleines Tagebuch, und es wird sich euch zeigen. Und im Alter von etwa neunundvierzig kommt langsam die Menopause – nichts, worüber man sich beunruhigen müsste, es ist ganz natürlich. Die sexuelle Energie nimmt ab – doch mit der Abnahme der sexuellen Energien können die spirituellen Energien zunehmen. Wenn man die richtigen Schritte unternimmt, kann die abnehmende Sexualenergie zu einer zunehmenden spirituellen Energie führen – denn es ist dieselbe Energie, die sich nun nach oben bewegen kann. Und wenn das sexuelle Interesse abnimmt, ist die Möglichkeit größer, die Energien nach oben zu kanalisieren.

❧

Die abnehmende Sexualenergie kann zu einer zunehmenden spirituellen Energie führen – denn es ist dieselbe Energie, die sich nun nach oben bewegen kann.

❧

Sieh es also nicht negativ – es kann sich als großer Segen erweisen, akzeptiere es einfach. Und es gibt keinen Grund, daran zu arbeiten, man muss es einfach nur akzeptieren. Lass es so sein und denke nicht in Begriffen von »Blockade« – das wäre falsch. Wenn ein junger Mann von zwanzig oder fünfundzwanzig ein Nachlassen der sexuellen Energie erlebt, dann liegt eine Blockade vor, dann muss man etwas tun. Wenn ein Mann über neunundvierzig kein Nachlassen der sexuellen Energie verspürt, dann ist etwas nicht in Ordnung, dann muss man etwas tun – denn es bedeutet, dass sich seine Energie nicht nach oben bewegt, dass sie feststeckt.

Und im Westen ist das zum Problem geworden, denn im Westen scheint Sex das einzig Wichtige im Leben zu sein. Deshalb hat ein Mann, sobald seine sexuelle Energie abnimmt, fast schon das Gefühl, dass er im Sterben liegt. Im Osten sind wir dagegen glücklich, wenn die sexuelle Energie abnimmt, enorm glücklich, denn es bedeutet, dass man mit diesem Aufruhr und diesem Albtraum abgeschlossen hat.

Kein Grund zur Beunruhigung – das ist keine Blockade. Innerhalb eines Jahres werden sich die Dinge beruhigen und du wirst dich auf einer höheren Ebene befinden: Du wirst fähig sein, das Leben in einem anderen Licht und in einer anderen Farbe zu sehen. Die Männer sind dann nicht mehr so sehr Männer und die Frauen nicht mehr so sehr Frauen. Sie sind dann mehr menschliche Wesen und nicht mehr so sehr Männer und Frauen … und das ist eine ganz andere Welt – voller menschlicher Wesen. Eigentlich ist es nicht richtig, eine Frau nur als Frau zu sehen, einen Mann nur als Mann – doch die Sexualität schafft diese Trennung. Wenn die Sexualität nicht länger als trennende Kraft wirksam ist, kannst du die menschlichen Wesen erkennen.

❧

Eigentlich ist es nicht richtig, eine Frau nur als Frau zu sehen, einen Mann nur als Mann – doch die Sexualität schafft diese Trennung. Wenn die Sexualität nicht länger als trennende Kraft wirksam ist, kannst du die menschlichen Wesen erkennen.

❧

Der schmutzige alte Mann

Der schmutzige alte Mann existiert, weil es in der Gesellschaft eine lange, lange Geschichte der Unterdrückung gibt. Der schmutzige alte Mann existiert wegen eurer Heiligen, wegen eurer Priester, wegen eurer Puritaner.

Wenn die Menschen ihr Sexualleben voll Freude genießen dürften, würde der Sex seine Faszination für sie verlieren, sobald sie sich dem Alter von zweiundvierzig nähern – und beachtet, ich spreche von zweiundvierzig, nicht von vierundachtzig. So wie die Sexualität sich im Alter von etwa vierzehn entwickelt und sehr bestimmend wird, genauso beginnt sie im Alter von etwa zweiundvierzig zu verschwinden. Das ist der natürliche Verlauf. Und wenn die Sexualität verschwindet, bleibt der alte Mann mit einer Liebe zurück, mit einem Mitgefühl, das von ganz anderer Art ist. In seiner Liebe ist kein Verlangen, kein Begehren; er möchte nichts zurück. Seine Liebe besitzt eine Reinheit, eine Unschuld; seine Liebe ist reine Freude.

Wenn die Menschen ihr Sexualleben voll Freude genießen dürften, würde der Sex seine Faszination für sie verlieren, sobald sie sich dem Alter von zweiundvierzig nähern – und beachtet, ich spreche von zweiundvierzig, nicht von vierundachtzig.

Sex schenkt euch Vergnügen. Doch Sex gibt euch Vergnügen nur dann, wenn ihr euch auch wirklich hineinbegebt; dann ist Vergnügen das Endergebnis. Wenn Sex unwichtig geworden ist – nicht unterdrückt, sondern so tief erfahren, dass er keinen besonderen Wert mehr hat … du hast ihn erfahren und Erfahrung führt immer zu Freiheit. Du hast ihn vollständig erfahren, und weil du ihn kennst, ist das Geheimnis gelüftet, es gibt nichts mehr zu erforschen. In diesem Wissen wird die ganze Energie, die sexuelle Energie, in Liebe, in Mitgefühl verwandelt. Man gibt aus reiner Freude. Dann ist der alte Mann das Schönste auf der Welt, das Reinste.

Es gibt in keiner Sprache einen Ausdruck wie »der reine alte Mann«. Ich habe noch nie so etwas gehört. Doch der Ausdruck »schmutziger alter Mann« existiert in fast allen Sprachen. Der Grund dafür ist, dass der Körper alt wird, müde wird, die Sexualität hinter sich lassen möchte – doch der Verstand verlangt immer noch danach, weil sein Verlangen unterdrückt worden ist. Wenn der Körper nicht mehr kann und der Verstand ständig zu etwas drängt, was der Körper nicht mehr vollbringen kann, dann befindet sich der alte Mann wirklich in der Zwickmühle. Seine Augen sind sexuell, voller Verlangen; sein Körper ist tot und reagiert nicht. Und sein Verstand reizt ihn immer weiter auf. Er bekommt einen schmutzigen Blick, ein schmutziges Gesicht; er hat bald etwas Schmutziges an sich.

❧

Der Ausdruck »schmutziger alter Mann« existiert in fast allen Sprachen. Der Grund dafür ist, dass der Körper alt wird, müde wird, die Sexualität hinter sich lassen möchte – doch der Verstand verlangt immer noch danach, weil sein Verlangen unterdrückt worden ist.

❧

Das erinnert mich an die Geschichte von dem Mann, der zufällig mitbekam, wie seine Frau und seine Schwester über seine häufigen Geschäftsreisen diskutierten. Die Schwester war der Meinung, dass die Frau sich Gedanken machen sollte, dass ihr Mann ständig unbeaufsichtigt in all diesen vornehmen Hotels herumlief, in denen so viele attraktive, ledige Karrierefrauen unterwegs sind.

»Warum sollte ich mich beunruhigen?«, erwiderte die Ehefrau. »Er würde mich niemals betrügen. Er ist zu treu, zu anständig … und außerdem zu alt.«

Der Körper wird früher oder später alt; das ist der Lauf der Dinge. Doch wenn du dein Verlangen nicht gelebt hast, dann wird es in dir weiterwirken, dann wird es etwas Hässliches in dir bewirken. Ein alter Mann wird entweder zum schönsten Mann der Welt, weil er eine Unschuld erreicht, die der Unschuld des Kindes entspricht und sogar noch viel tiefer reicht als die Unschuld des Kindes … er wird zum Weisen. Doch wenn das Verlangen immer noch vorhanden ist und wie eine Unterströmung in ihm aktiv ist, dann ist er in einem inneren Aufruhr gefangen.

Ein sehr alter Mann wurde verhaftet, weil er versucht hatte, eine junge Frau sexuell zu belästigen. Als der alte

Mann, vierundachtzig Jahre alt, dem Richter vorgeführt wurde, änderte dieser die Anklage von »versuchter Vergewaltigung« in »Angriff mit einer stumpfen Waffe«.

Wenn du alt wirst, denke daran, dass das Alter der Höhepunkt des Lebens ist. Denke daran, dass das Alter die schönste Erfahrung sein kann – weil das Kind sich Hoffnungen auf die Zukunft macht, lebt es in der Zukunft, möchte es dieses und jenes tun. Jedes Kind denkt, dass aus ihm etwas Besonderes wird – jemand wie Alexander der Große, Josef Stalin, Mao Tse-tung –, es lebt in seinem Verlangen und in der Zukunft. Der junge Mann ist zu sehr von seinen Instinkten gefangen, alle seine Instinkte explodieren in ihm. Die Sexualität ist da – die moderne Forschung sagt, dass jeder Mann mindestens einmal alle drei Minuten an Sex denkt. Frauen sind ein bisschen weniger wild – sie denken nur alle sechs Minuten an Sex. Das ist ein großer Unterschied, fast das Doppelte – das ist möglicherweise der Grund für viele Streitigkeiten zwischen Ehepaaren!

Einmal alle drei Minuten taucht auf irgendeine Art Sex im Kopf auf – der junge Mann ist von so großen natürlichen Kräften in Beschlag genommen, dass er nicht frei sein kann. Ehrgeiz ist vorhanden, und die Zeit vergeht schnell, er muss etwas tun und er muss jemand werden. All die Hoffnungen und Begierden und Fantasien der Kindheit müssen erfüllt werden; er ist in großer Eile, voller Unrast.

Der alte Mann weiß, dass diese kindlichen Vorstellungen wirklich kindisch waren. Der alte Mann weiß, dass die Tage der Jugend und des inneren Aufruhrs vorüber sind. Der alte Mann ist in einem Zustand, in dem der Sturm vorüber ist und Stille herrscht – diese Stille kann von großer Schönheit sein, von besonderer Tiefe und besonderem Reichtum. Wenn ein alter Mann tatsächlich reif ist, was nur sehr selten der Fall ist, dann ist er wirklich schön. Doch die meisten Menschen werden nur älter, ohne reif zu werden. Daher kommt das Problem.

Werde erwachsen, werde reif, werde wach und bewusst. Und das Alter ist die letzte Gelegenheit, die dir gegeben wird: Bereite dich vor, bevor der Tod kommt. Und wie bereitet man sich auf den Tod vor? Indem man meditativ wird.

Wenn noch irgendwelche verborgenen Begierden vorhanden sind und der Körper alt wird und nicht mehr fähig ist, sie zu erfüllen, dann mach dir keine Sorgen. Meditiere über diese Begierden, beobachte sie, sei bewusst. Einfach indem du bewusst und wach und aufmerksam bist, können sich diese Begierden und die Energie, die in ihnen gebunden ist, verwandeln. Doch bevor der Tod kommt, befreie dich von allen Begierden.

Wenn ich sage, befreie dich von allen Begierden, meine ich damit, von allen Objekten der Begierde. Dann ist nur noch reine Sehnsucht vorhanden – diese reine Sehnsucht ist göttlich, diese reine Sehnsucht ist Gott. Dann ist es reine Kreativität, ohne ein Objekt, ohne eine Adresse, ohne eine Richtung, ohne eine Bestimmung – einfach nur reine Energie, ein Pool von Energie, die sich nirgendwohin bewegt. Das ist es, was Buddhaschaft bedeutet.

Bitterkeit

Wir werden bitter, weil wir nicht das sind, was wir sein sollten. Jeder ist sauer, weil jeder das Gefühl hat, dass das Leben nicht das ist, was es sein sollte; wenn das alles war, dann war es nichts. Es muss mehr geben, und wenn man das nicht findet, kann man sich von seiner Bitterkeit nicht lösen. Aus dieser Bitterkeit entstehen Ärger, Zorn, Neid,

Gewalt, Hass – alle Arten von Negativität. Man beklagt sich ständig, doch die wirkliche Klage sitzt irgendwo tief im Innern. Es ist eine Klage gegen die Existenz: »Was mache ich eigentlich hier? Warum bin ich hier? Nichts passiert. Warum bin ich am Leben, wenn doch nichts passiert?« Die Zeit vergeht, und das Leben bleibt ohne Glückseligkeit. Das führt zu Bitterkeit.

Es ist kein Zufall, dass alte Menschen bitter werden. Es ist sehr schwierig, mit alten Menschen zu leben, selbst wenn es die eigenen Eltern sind. Es ist aus dem einfachen Grund so schwierig, weil ihr ganzes Leben vorbei ist und sie sich sehr bitter fühlen. Sie suchen ständig einen Vorwand, um mit ihrer Negativität um sich zu werfen; sie regen sich über alles und jeden auf. Sie können es nicht ertragen, wenn Kinder glücklich sind, tanzen, singen und vor Freude schreien – sie können es einfach nicht ertragen. Es ist ein Ärgernis für sie, weil sie ihr eigenes Leben versäumt haben. Und wenn sie sagen: »Seid keine solchen Quälgeister«, sagen sie eigentlich: »Wie könnt ihr es wagen, so fröhlich zu sein!« Sie sind gegen junge Leute, und was immer die jungen Leute tun, die Alten sind immer der Ansicht, dass sie etwas falsch machen.

Im Grunde genommen empfinden sie einfach Bitterkeit über das Leben an sich und suchen nur nach Entschuldigungen. Es kommt selten vor, dass man einen alten Menschen findet, der nicht bitter ist – das bedeutet, dass er wirklich gut gelebt hat, dass er wirklich erwachsen ist. Dann besitzen alte Menschen eine ganz besondere Schönheit, die kein junger Mensch jemals haben kann. Sie besitzen eine gewisse Reife, eine Patina, sie sind erfahren. Sie haben so viel gesehen und so viel gelebt, dass sie Gott unermesslich dankbar sind.

Doch es ist sehr schwierig, diese Art von alten Menschen zu finden, denn es bedeutet, dass dieser Mensch ein

Buddha ist, ein Christus. Nur ein erwachter Mensch kann im Alter frei von Bitterkeit sein – denn der Tod kommt, das Leben ist vorbei, über was sollte man sich noch freuen? Man ist einfach voller Zorn.

Oft spricht man über die zornigen jungen Männer, doch in Wahrheit kann kein junger Mensch jemals so zornig sein wie ein alter Mensch. Niemand spricht über die zornigen alten Männer, doch nach meiner eigenen Erfahrung – ich habe junge Menschen beobachtet und alte Menschen beobachtet – kann niemand so voller Zorn sein wie die Alten.

Bitterkeit ist ein Zustand der Unwissenheit. Man muss darüber hinausgehen, man muss die Bewusstheit erlernen, die einen darüber hinausträgt. Und das ist eine wirkliche Revolution. In dem Augenblick, in dem man wirklich über alle Beschwerden, alle Klagen, jedes Nein hinausgeht, entsteht ein ungeheures Ja – einfach nur Ja, Ja, Ja –, entsteht ein besonderer Duft. Dieselbe Energie, die vorher Bitterkeit war, wird nun zum Duft.

❧

Oft spricht man über die zornigen jungen Männer, doch in Wahrheit kann kein junger Mensch jemals so zornig sein wie ein alter Mensch. Niemand spricht über die zornigen alten Männer, doch nach meiner eigenen Erfahrung kann niemand so voller Zorn sein wie die Alten.

❧

Übergänge

Vom Nein zum Ja

Bewusstsein ermöglicht Freiheit. Freiheit bedeutet nicht einfach die Freiheit, richtig zu handeln; wenn das die Bedeutung von Freiheit wäre, welche Art von Freiheit wäre das dann schon? Wenn man nur richtig handeln darf, ist man nicht frei. Freiheit impliziert beide Möglichkeiten – richtig zu handeln und falsch zu handeln. Freiheit impliziert das Recht, Ja zu sagen und Nein zu sagen.

Und es gibt da etwas Subtiles, das verstanden werden muss: Nein zu sagen fühlt sich mehr nach Freiheit an, als Ja zu sagen. Und das ist kein Philosophieren, es ist eine einfache Tatsache, die ihr an euch selbst beobachten könnt. Wann immer du Nein sagst, fühlst du dich in stärkerem Maße frei. Wann immer du Ja sagst, fühlst du dich nicht frei, denn Ja bedeutet, dass du gehorcht hast, Ja bedeutet, dass du dich unterworfen hast – wo bleibt da die Freiheit? Nein bedeutet, dass du hartnäckig bist, dass du dich zurückhältst; Nein bedeutet, dass du dich durchgesetzt hast, dass du bereit bist zu kämpfen. Ein Nein definiert dich klarer als ein Ja. Ein Ja ist vage, es ist wie eine Wolke. Ein Nein ist sehr solide und substanziell, wie ein Fels.

Darum sagen Psychologen, dass jedes Kind im Alter zwischen sieben und vierzehn Jahren lernt, mehr und mehr Nein zu sagen. Durch das Neinsagen befreit es sich aus dem psychologischen Schoß der Mutter. Selbst wenn es keinen Grund zum Neinsagen gibt, wird das Kind Nein sagen. Selbst wenn es für das Kind besser wäre, Ja zu sagen, wird es Nein sagen. Für das Kind geht es dabei um etwas sehr Wichtiges; es muss lernen, mehr und mehr

Nein zu sagen. Wenn ein Junge vierzehn Jahre alt ist und sexuell reif wird, sagt er ein endgültiges Nein zur Mutter – er verliebt sich in eine andere Frau. Das ist sein endgültiges Nein zur Mutter, er dreht ihr damit den Rücken zu. Er sagt: »Ich bin fertig mit dir. Ich habe mir eine eigene Frau gewählt. Ich bin zu einem Individuum geworden, unabhängig und selbstbestimmt. Ich will mein eigenes Leben leben. Ich will meinen eigenen Vorstellungen folgen.«

Und wenn die Eltern darauf bestehen: »Du musst kurze Haare tragen«, wird der Sohn lange Haare tragen. Und wenn die Eltern verlangen: »Du musst lange Haare haben«, wird er seine Haare kurz tragen. Ihr müsst es nur beobachten ... wenn die Hippies Eltern werden, werden sie sehen, dass ihre Kinder kurze Haare haben, weil sie das Nein lernen müssen.

Wenn die Eltern den Wahlspruch vertreten: »Sauberkeit ist oberste Pflicht«, werden die Kinder anfangen, lieber im Dreck zu leben. Sie werden schmutzig bleiben, sie werden kein Bad nehmen; sie werden sich nicht waschen, sie werden keine Seife benutzen. Und sie werden rationale Erklärungen dafür finden: dass die Seife für die Haut schädlich ist, dass sie unnatürlich ist, dass kein Tier jemals Seife verwendet. Sie können aber noch so viele rationale Gründe finden, tief im Innern sind es einfach nur Vorwände. Die Wahrheit ist, sie wollen Nein sagen. Und wenn man Nein sagen möchte, muss man natürlich Gründe dafür finden.

Ein Nein gibt einem daher ein Gefühl von Freiheit; und nicht nur das, es gibt einem auch ein Gefühl von Intelligenz. Ja zu sagen braucht keine Intelligenz. Wenn du Ja sagst, fragt dich niemand, warum. Warum sollte man sich die Mühe machen nachzufragen, wenn du bereits Ja gesagt hast? Es gibt keinen Grund für Argumente oder Diskussionen, denn du hast ja bereits Ja gesagt. Wenn du Nein sagst, wird mit Sicherheit gefragt, warum. Es schärft deine Intelligenz, es gibt dir eine Definition, einen Stil, Freiheit.

Achtet auf die Psychologie des Nein. Es ist sehr schwierig für Menschen, in Harmonie zu leben, und das liegt am Bewusstsein. Bewusstsein gibt Freiheit, Freiheit gibt dir die Fähigkeit, Nein zu sagen, und es gibt mehr Möglichkeiten, Nein zu sagen als Ja zu sagen.

Ohne Ja gibt es aber keine Harmonie; Ja ist Harmonie. Doch es braucht Zeit, erwachsen zu werden, reif zu werden, so viel Reife zu erlangen, dass man Ja sagen und gleichzeitig frei bleiben kann, dass man Ja sagen und doch einzigartig bleiben kann, dass man Ja sagen kann, ohne zum Sklaven zu werden.

❧

Es braucht Zeit, erwachsen zu werden, reif zu werden, so viel Reife zu erlangen, dass man Ja sagen und gleichzeitig frei bleiben kann, dass man Ja sagen und doch einzigartig bleiben kann, dass man Ja sagen kann, ohne zum Sklaven zu werden.

❧

Die Freiheit, die das Nein einem gibt, ist eine sehr kindische Art von Freiheit. Sie ist gut für Sieben- bis Vierzehnjährige. Doch wenn ein Mensch in dieser Art von Freiheit stecken bleibt und sein ganzes Leben ein einziges Neinsagen ist, dann hat sein Wachstum aufgehört.

Das höchste Wachstum besteht darin, mit so viel Freude Ja zu sagen, wie ein Kind Nein sagt. Das ist eine zweite Kindheit. Und der Mensch, der mit enormer Freiheit und Freude Ja sagen kann, ohne Zögern, ohne Vorbehalte, ohne Bedingungen – eine einfache und simple Freude, ein einfaches und simples Ja –, der ist zum Weisen geworden. Dieser Mensch lebt wieder in Harmonie, und diese Harmonie ist von einer vollständig anderen Dimension als die Harmonie der Bäume, Tiere und Vögel. Sie leben in Harmonie, weil sie nicht Nein sagen *können*, und der Weise lebt in Harmonie, weil er nicht Nein *sagt*. Zwischen diesen beiden, den Bäumen und den Buddhas, befinden sich die restlichen Menschen – noch nicht erwachsen, unreif, kindisch, irgendwo stecken geblieben, immer noch beim Versuch, Nein zu sagen, um ein Gefühl von Freiheit zu haben.

❧

Das höchste Wachstum besteht darin, mit so viel Freude Ja zu sagen, wie ein Kind Nein sagt. Das ist eine zweite Kindheit. Und der Mensch, der mit enormer Freiheit und Freude Ja sagen kann, ohne Zögern, ohne Vorbehalte, ohne Bedingungen – eine einfache und simple Freude, ein einfaches und simples Ja –, der ist zum Weisen geworden.

❧

Ich sage nicht, dass ihr nicht lernen sollt, Nein zu sagen. Ich sage, dass ihr lernen sollt, Nein zu sagen, wenn es Zeit dafür ist, dass ihr aber nicht darin stecken bleiben sollt. Langsam, ganz langsam solltet ihr erkennen, dass es eine höhere Freiheit gibt, die mit dem Ja kommt, und eine größere Harmonie.

Integration und Zentriertheit

Integration ist im tiefsten Kern deines Wesens bereits vorhanden. In deinem innersten Zentrum bist du integriert, sonst könntest du überhaupt nicht existieren. Wie könntest du ohne Zentrum existieren? Ein Wagen bewegt sich, weil es ein unbewegliches Zentrum gibt, um das sich das Rad dreht – es bewegt sich um die Achse. Wenn ein Wagen sich bewegt, ist immer eine Achse vorhanden, ob du das nun weißt und siehst oder nicht.

Du lebst, du atmest, du bist bewusst; Leben bewegt sich in dir, also muss eine Achse für das Rad des Lebens vorhanden sein. Du magst dir dessen nicht bewusst sein, doch sie ist vorhanden. Ohne sie könntest du nicht sein.

Das Erste und Fundamentalste ist also: Es geht nicht um das Werden. Du bist bereits. Du musst nur nach innen gehen und es erkennen. Es ist eine Entdeckung, keine Leistung. Du hast es immer schon in dir getragen. Doch du hast dich vom Äußeren zu sehr gefangen nehmen lassen und dem Inneren deinen Rücken zugewandt. Du bist zu sehr nach außen gerichtet, sodass du nicht nach innen blicken kannst.

❧

Du bist bereits. Du musst nur nach innen gehen und es erkennen. Es ist eine Entdeckung, keine Leistung. Du hast es immer schon in dir getragen.

❧

Sorge für ein wenig Innenschau. Normalerweise öffnen sich die Augen nach außen, die Hände reichen nach außen, die Beine bewegen sich von dir weg. Sitze also still, entspanne dich äußerlich, schließe die Augen und gehe einfach nach innen … aber nicht mit Anstrengung. Lass einfach los – so als würdest du ertrinken und könntest nichts dagegen tun, als könntest du einfach gar nichts machen. Meist machen und tun wir selbst dann noch, wenn wir am Ertrinken sind.

Wenn du es einfach geschehen lassen kannst, wird das Zentrum an die Oberfläche kommen. Du wirst sehen, wie es aus den Wolken zum Vorschein kommt.

Es gibt zwei Arten zu leben. Die eine ist der Handlungsmodus – man tut etwas. Die andere ist der Empfangsmodus – man empfängt einfach. Der Handlungsmodus ist nach außen gerichtet. Wenn man mehr Geld haben möchte, kann man nicht einfach sitzen bleiben. Auf diese Weise wird es nicht zu einem kommen. Man muss darum kämpfen, man muss sich in den Wettbewerb stürzen, man muss alle Arten von Möglichkeiten wahrnehmen – legale, illegale, richtige, falsche. Geld kommt nicht, wenn man sich einfach hinsetzt. Wenn man mächtig werden möchte, wenn man ein Politiker werden möchte, muss man etwas dafür tun. Es wird sich nicht von allein einstellen.

Es gibt einen Handlungsmodus; das ist der nach außen gerichtete Modus. Und es gibt einen handlungslosen Modus: Man tut nichts, man lässt es einfach nur geschehen. Diese Sprache haben wir verlernt. Diese verlernte Sprache müssen wir erst wieder erlernen.

❧

Es gibt einen Handlungsmodus; das ist der nach außen gerichtete Modus. Und es gibt einen handlungslosen Modus: Man tut nichts, man lässt es einfach nur geschehen. Diese Sprache haben wir verlernt. Diese verlernte Sprache müssen wir erst wieder erlernen.

❧

Integration muss nicht geleistet werden – sie ist bereits vorhanden. Wir haben nur vergessen, wie man danach Ausschau hält, wie man sie erkennt. Begib dich vom Handlungsmodus mehr und mehr in den rezeptiven, passiven Empfangsmodus.

Ich sage damit nicht, dass ihr die Welt der Handlungen verlassen sollt – denn das würde nur wieder zu einem anderen Ungleichgewicht führen. Auch jetzt seid ihr nicht im Gleichgewicht. Ihr kennt nur einen Modus in eurem Leben, und der besteht aus Handeln, aus Tun. Es gibt Menschen, die sich nicht vorstellen können, stillzusitzen; es ist ihnen unmöglich. Sie können sich keinen einzigen

Moment Entspannung gönnen. Sie sind nur an Handlung interessiert. Wenn etwas gemacht wird, sind sie daran interessiert. Wenn es nur ein Sonnenuntergang ist, lohnt es sich doch gar nicht hinzusehen.

Ihr seid nur an Handlungen interessiert, daran, dass etwas passiert. Das ist zu einer Fixierung geworden. Das muss ein wenig ins Gleichgewicht gebracht werden: Ihr müsst euch für ein paar Augenblicke, für ein paar Stunden, manchmal auch für ein paar Tage vollkommen in den anderen Modus begeben, einfach nur stillsitzen und die Dinge geschehen lassen. Wenn du einen Sonnenuntergang betrachtest, erwartet man von dir nicht, dass du etwas machst. Du schaust einfach nur. Wenn du eine Blume betrachtest, was solltest du dabei tun? Du schaust einfach nur.

Tatsächlich ist keine Anstrengung damit verbunden, dass du die Blume anschaust. Es geschieht ohne Anstrengung. Deine Augen sind geöffnet, die Blume ist da … ein Augenblick tiefer Kommunion geschieht, wenn das Betrachtete und der Betrachter gleichzeitig verschwinden. Dann ist Schönheit da, dann ist Segen da. Dann bist du plötzlich nicht mehr der Beobachter, und die Blume ist nicht mehr das Beobachtete – denn um zu beobachten, muss immer noch eine Handlung vorliegen. Jetzt aber bist du da und die Blume ist da, und irgendwie überlappen sich plötzlich eure Grenzen. Die Blume wird zu dir und du wirst zur Blume, und es findet eine plötzliche Offenbarung statt. Nenne es Schönheit, nenne es Wahrheit, nenne es Gott.

Es geht darum, diese seltenen Augenblicke mehr und mehr zuzulassen. Ich möchte nicht sagen, dass man sie kultivieren sollte, ich möchte nicht sagen, dass man solche Momente üben sollte, ich möchte nicht sagen, dass man etwas tun sollte – denn das würde bedeuten, wieder die Sprache des Handlungsmodus zu verwenden, die grundlegend missverstanden werden könnte. Nein, ich kann nur davon sprechen, dass du diese Augenblicke mehr und mehr zulassen solltest. Mache einfach manchmal überhaupt nichts. Entspanne dich auf dem Rasen und blicke in den Himmel. Schließe von Zeit zu Zeit einfach die Augen und betrachte deine innere Welt – Gedanken, die sich bewegen und schweben; Wünsche, die auftauchen und wieder vergehen. Betrachte die farbige Traumwelt, die in deinem Inneren abläuft. Schaue einfach. Sage nicht: »Ich möchte diese Gedanken anhalten« – damit begibst du dich schon wieder in den Handlungsmodus. Sage nicht: »Ich meditiere jetzt – also verschwindet! Alle Gedanken, lasst mich jetzt in Ruhe …« – denn wenn du das sagst, hast du bereits wieder etwas getan. Stattdessen tu einfach so, als ob du gar nicht da wärst …

Es gibt eine sehr alte Form von Meditation, die in einigen tibetischen Klöstern immer noch praktiziert wird. Diese Meditation basiert auf der Wahrheit, die ich euch hier mitzuteilen versuche. Sie lehrt, dass man manchmal einfach verschwinden kann. Du sitzt im Garten und stellst dir einfach vor, dass du verschwindest. Betrachte einfach die Welt, wie sie aussieht, wenn du nicht mehr vorhanden bist, wenn du nicht mehr da bist, wenn du vollkommen transparent geworden bist. Versuche einfach, eine einzige Sekunde lang nicht zu sein.

Du sitzt im Garten und stellst dir einfach vor, dass du verschwindest. Betrachte einfach die Welt, wie sie aussieht, wenn du nicht mehr vorhanden bist, wenn du nicht mehr da bist, wenn du vollkommen transparent geworden bist. Versuche einfach, eine einzige Sekunde lang nicht zu sein.

Oder sei in deiner Wohnung, als wärest du nicht da.

Denke daran, eines Tages wirst du nicht mehr da sein. Eines Tages bist du verschwunden, bist du tot; das Radio wird immer noch spielen, deine Frau wird immer noch das Frühstück zubereiten, die Kinder werden sich weiter für die Schule fertig machen. Stell dir vor, du bist heute schon verschwunden, du bist nicht mehr da. Werde zum Geist. Du sitzt in deinem Stuhl und verschwindest einfach, du denkst: »Ich habe keine Realität mehr, ich bin nicht mehr da.« Nimm einfach wahr, wie das Haus weiter besteht. Es wird ungeheuer friedlich und still sein. Alles wird so weitergehen, wie es ist. Auch ohne dich wird alles weitergehen, wie es ist. Nichts wird fehlen. Was ist dann also der Sinn darin, dass du ständig beschäftigt bist, etwas machst und tust, von Handlungen besessen bist? Was ist der Sinn darin? Du bist verschwunden, und alles, was du getan hast, wird verschwinden – als hättest du deinen Namen auf Sand geschrieben, und der Wind kommt und die Schrift verschwindet … und alles ist vorbei. Sei, als hättest du niemals existiert.

❧

Das ist wirklich eine sehr schöne Meditation. Du kannst sie viele Male in vierundzwanzig Stunden machen. Eine halbe Sekunde genügt schon; halte einfach für eine halbe Sekunde inne … du bist nicht mehr … und die Welt geht weiter. Wenn du dir mehr und mehr der Tatsache bewusst wirst, dass das Leben auch ohne dich problemlos weitergeht, dann wirst du fähig, einen anderen Teil deines Wesens kennen zu lernen.

❧

Das ist wirklich eine sehr schöne Meditation. Du kannst sie viele Male in vierundzwanzig Stunden machen. Eine halbe Sekunde genügt schon; halte einfach für eine halbe Sekunde inne … du bist nicht mehr … und die Welt geht weiter. Wenn du dir mehr und mehr der Tatsache bewusst wirst, dass das Leben auch ohne dich problemlos weitergeht, dann wirst du fähig, einen anderen Teil deines Wesens kennen zu lernen, der lange Zeit, viele Leben lang, vernachlässigt wurde – den Empfangsmodus. Du lässt einfach zu, du wirst zu einer Tür. Die Dinge geschehen weiter ohne dich.

Das meint Buddha, wenn er sagt: »Werde zum Treibholz. Fließe im Strom wie ein Stück Holz, und wo immer der Strom hinfließt, lass dich mitnehmen; unternimm keine Anstrengungen.«

Der gesamte buddhistische Ansatz entspricht dem Empfangsmodus. Darum sieht man Buddha unter einem Baum sitzen. Alle Bilder von ihm zeigen ihn sitzend, er sitzt da und tut nichts. Er sitzt einfach nur da, ohne etwas zu tun.

Von Jesus habt ihr nicht diese Art von Bild. Er folgt immer noch dem Handlungsmodus. In diesem Punkt hat das Christentum die größte Chance verpasst; das Christentum wurde aktiv. Die christlichen Missionare dienen den Armen, sie gehen in die Krankenhäuser, sie tun dies und das, und ihre ganze Anstrengung ist darauf ausgerichtet, Gutes zu tun. Ja, es ist sehr gut, doch es bleibt im Handlungsmodus – und nur im Empfangsmodus kann man Gott erkennen. Ein christlicher Missionar ist also ein guter Mensch, ein sehr guter Mensch, aber er ist kein Heiliger im östlichen Sinn.

Inzwischen wird aber selbst im Osten ein Mensch, der ein Macher ist, als Mahatma verehrt – denn der Osten ist arm und krank. Es gibt Tausende von Leprakranken, Blinden, Analphabeten; sie brauchen eine Ausbildung, sie brauchen Medizin, sie brauchen Unterstützung, sie brauchen Tausende von Dingen. Plötzlich ist der aktive Mensch wichtig geworden – deshalb ist Gandhi ein Mahatma, und Mutter Teresa von Kalkutta ist sehr wichtig geworden. Niemand schaut mehr danach, ob sie den rezeptiven Modus erreicht haben oder nicht.

Wenn Buddha jetzt käme, würde ihn niemand mehr respektieren, weil er keine Schule und kein Krankenhaus leitet. Er würde wieder unter einem Feigenbaum sitzen und nur still dasitzen. Das bedeutet nicht, dass er nichts macht – ungeheure Schwingungen gehen von seinem Wesen aus, doch diese sind sehr subtil. Er transformiert die ganze Welt, indem er unter seinem Baum sitzt, aber um diese Schwingungen zu erkennen, muss man darauf eingestimmt sein, muss man sich selbst entwickeln. Einen Buddha zu erkennen bedeutet, dass man sich selbst bereits auf dem Weg befindet. Eine Mutter Teresa zu erkennen ist leicht, es ist nichts dabei. Jeder kann sehen, dass sie gute Arbeit leistet.

Gutes zu tun ist eine Sache, gut sein eine ganz andere. Ich sage damit nicht, dass ihr nicht Gutes tun sollt. Ich möchte damit sagen, dass ihr gute Werke aus eurem Sein hervorkommen lassen sollt.

❧

Gutes zu tun ist eine Sache, gut sein eine ganz andere. Ich sage damit nicht, dass ihr nicht Gutes tun sollt. Ich möchte damit sagen, dass ihr gute Werke aus eurem Sein hervorkommen lassen sollt.

❧

Zuerst musst du den Empfangsmodus erlangen, die passive, die nicht aktive Seinsweise. Und wenn dann dein inneres Wesen erblüht und du die Integration im Inneren erkannt hast – die immer da ist, das Zentrum ist immer vorhanden –, wenn du dieses Zentrum im Inneren erkannt hast, dann verschwindet plötzlich der Tod für dich. Alle Sorgen verschwinden auf einmal, denn du bist jetzt nicht mehr der Körper und nicht mehr der Verstand.

Dann entsteht Mitgefühl, Liebe, Gebet. Du wirst zum Geschenk, zum Segen für die Welt. Und niemand kann sagen, was aus solch einem Menschen wird – ob er zu einem Revolutionär wird wie Jesus und die Geldverleiher aus dem Tempel wirft, ob er hingeht und den Armen dient, ob er einfach nur weiter unter dem Feigenbaum sitzen bleibt und seinen Duft verbreitet oder ob er zu einer Meera wird und zum Ruhme Gottes tanzt und singt. Niemand weiß das, es ist nicht vorhersehbar.

Mein ganzes Bemühen hier geht dahin, euch bewusst zu machen, dass es nicht mehr braucht als das. Nichts weiter ist notwendig. Ihr habt es bereits, es existiert in euch. Doch ihr müsst Wege finden, Zugänge, Möglichkeiten, es zu entdecken. Ihr müsst danach graben; der Schatz ist da.

Ich möchte euch eine Technik geben. Es ist eine ganz einfache Technik, auch wenn sie anfangs sehr schwierig wirkt. Wenn ihr sie ausprobiert, werdet ihr feststellen, dass sie ganz einfach ist. Wenn ihr sie nicht probiert und nur darüber nachdenkt, wird sie euch schwierig vorkommen. Die Technik funktioniert folgendermaßen: Tu nur das, was dir Freude macht. Wenn es dir keine Freude macht, lass es bleiben. Versuche es – denn Freude kommt aus dem Zentrum. Wenn du etwas tust, was dir Freude macht, verbindet es dich mit dem Zentrum. Wenn du etwas tust, was dir keine Freude macht, bist du vom Zentrum getrennt. Freude steigt aus dem Zentrum auf und von nirgendwo sonst. Mache das also zum Kriterium und sei ruhig fanatisch dabei.

Du gehst auf der Straße; plötzlich bemerkst du, dass es dir keine Freude mehr macht. Halte an. Vorbei – du hörst damit auf.

Ich machte das immer während meines Studiums, und die Leute dachten, ich sei verrückt. Ganz unvermittelt hielt ich an und blieb eine halbe Stunde, eine ganze Stunde am selben Platz stehen, bis es mir wieder Freude machte zu gehen. Meine Professoren waren während der Prüfungszeit immer so besorgt, dass sie mich in ein Auto steckten und zur Universität brachten. Sie brachten mich zur Tür und warteten dort: Erreichte ich meinen Platz oder nicht?

❧

Tu nur das, was dir Freude macht. Wenn es dir keine Freude macht, lass es bleiben. Versuche es – denn Freude kommt aus dem Zentrum. Wenn du etwas tust, was dir Freude macht, verbindet es dich mit dem Zentrum. Wenn du etwas tust, was dir keine Freude macht, bist du vom Zentrum getrennt. Freude steigt aus dem Zentrum auf und von nirgendwo sonst. Mache das also zum Kriterium und sei ruhig fanatisch dabei.

❧

Wenn ich ein Bad nahm und plötzlich feststellte, dass ich es nicht mehr genoss, hörte ich auf. Was soll es dann schon? Wenn ich etwas aß und plötzlich feststellte, dass ich das Essen nicht genoss, hörte ich auf.

In der Highschool hatte ich Mathematik belegt. Am ersten Tag ging ich hin und der Lehrer stellte uns das Fach vor. Mittendrin stand ich auf und wollte hinausgehen. Der Lehrer fragte: »Wohin gehst du? Wenn du nicht fragst, ob du hinausgehen darfst, werde ich dich nicht wieder hereinlassen.« Ich erwiderte: »Ich komme nicht wieder zurück; machen Sie sich keine Sorgen. Darum habe ich auch nicht gefragt. Ich höre auf – es macht mir keinen Spaß! Ich werde mir ein anderes Fach suchen, das mir Spaß macht, denn wenn es mir keinen Spaß macht, werde ich es nicht machen. Das ist doch nur eine Tortur, das ist Vergewaltigung.«

Und nach und nach wurde das zum Schlüssel. Ich erkannte, dass man im Zentrum ist, wann immer man etwas mit Freude tut. Freude ist einfach nur der Klang des Zentriertseins. Wenn dir etwas keine Freude macht, bist du nicht im Zentrum. Dann versuch es nicht mit Gewalt; es besteht keine Notwendigkeit dazu. Wenn die Leute denken, dass du verrückt bist, lass sie das ruhig denken. Innerhalb von wenigen Tagen wirst du aus eigener Erfahrung wissen, wie sehr du an dir vorbeigelebt hast. Du hast Tausende von Dingen getan, die dir keine Freude gemacht haben, und du hast sie trotzdem getan, weil man es dir so beigebracht hat. Du hast einfach nur deine Pflicht erfüllt.

❧

Wann immer man etwas mit Freude tut, ist man im Zentrum. Freude ist einfach nur der Klang des Zentriertseins.

❧

Die Menschen haben sogar etwas so Schönes wie die Liebe kaputtgemacht. Du kommst nach Hause und gibst deiner Frau einen Kuss, weil es so sein muss, weil man das einfach so macht. Und dadurch wird etwas so Schönes wie ein Kuss, etwas, das wie eine Blüte ist, kaputtgemacht. Von nun an wirst du deine Frau immer küssen, ohne dass es dir Freude macht; du wirst vergessen, wie viel Freude es macht, einen anderen Menschen zu küssen. Du gibst jedem die Hand, den du triffst – doch es hat keine Bedeutung, keine Botschaft, es ist kalt, es fließt keine Wärme. Es sind einfach nur tote Hände, die sich begegnen und hallo sagen. Und nach und nach wird dir diese tote, kalte Geste zur Gewohnheit. Du bist erfroren, du bist ein Eisklotz. Und dann fragst du: »Wie kommt man zum Zentrum?«

Das Zentrum ist verfügbar, wenn du warm bist, wenn du fließt, wenn du schmilzt, voller Liebe, voller Freude, voller Tanz, voller Entzücken. Es hängt von dir ab. Mach einfach nur noch die Dinge, die du wirklich genießt und die dir Freude machen. Wenn sie dir keine Freude machen, hör auf. Finde etwas anderes, was dir Freude macht. Es gibt immer etwas, was dir Freude macht. Ich habe noch nie jemanden getroffen, dem gar nichts Freude macht. Es gibt Menschen, denen macht das eine keine Freude und auch das andere oder das nächste nicht, doch das Leben ist groß. Bleib nicht am Platz, lass dich fließen. Lass die Energie mehr in Fluss kommen. Lass sie fließen und den anderen Energien begegnen, die dich umgeben. Bald wirst du erkennen, dass das Problem gar nicht darin bestand, wie man integriert wird, sondern darin, dass du vergessen hast, wie man fließt. Wenn die Energie fließt, bist du plötzlich integriert. Manchmal passiert es auch zufällig, doch die Ursache ist dieselbe.

❧

Lass die Energie mehr in Fluss kommen. Lass sie fließen und den anderen Energien begegnen, die dich umgeben. Bald wirst du erkennen, dass das Problem gar nicht darin bestand, wie man integriert wird, sondern darin, dass du vergessen hast, wie man fließt.

❧

Manchmal verliebst du dich in einen Mann oder in eine Frau, und plötzlich fühlst du dich integriert, zum ersten Mal fühlst du dich ganz. Deine Augen glänzen, dein Gesicht strahlt, dein Verstand ist nicht mehr dumpf. Etwas in deinem Wesen beginnt hell zu strahlen; ein Lied taucht auf, dein Gang bekommt eine neue Qualität von Anmut und Tanz. Du bist ein vollkommen anderes Wesen.

Doch das sind seltene Augenblicke – weil wir das Geheimnis nicht kennen. Das Geheimnis besteht darin, dass du etwas gefunden hast, was dir Freude macht. Das ist das ganze Geheimnis. Ein Maler mag hungrig sein, doch wenn er malt, ist er vollkommen zufrieden. Ein Dichter mag arm sein, doch wenn er sein Lied singt, ist er der reichste Mann der Welt. Niemand ist reicher als er. Was ist sein Geheimnis? Das Geheimnis ist, dass er sich an diesem Augenblick erfreut. Wann immer du etwas mit Freude tust, bist du im Einklang mit dir selbst und im Einklang mit dem Universum – denn dein Zentrum ist das Zentrum von allem.

❧

Wann immer du etwas mit Freude tust, bist du im Einklang mit dir selbst und im Einklang mit dem Universum – denn dein Zentrum ist das Zentrum von allem. Lass also diese kleine Technik zu deinem Lebensmotto werden: Tu nur das, was dir Freude macht. Wenn es dir keine Freude mehr macht, hör auf damit.

❧

Lass also diese kleine Technik zu deinem Lebensmotto werden: Tu nur das, was dir Freude macht. Wenn es dir keine Freude mehr macht, hör auf damit. Du liest die Zeitung und mittendrin bemerkst du, dass es dir keinen Spaß mehr macht – dann lass es. Warum solltest du sie lesen? Hör hier und jetzt auf damit. Wenn du dich mit jemandem unterhältst und plötzlich erkennst, dass es dir keine Freude mehr macht, und selbst wenn es mitten im Satz ist, hör sofort auf. Wenn es dir keine Freude macht, bist du nicht verpflichtet weiterzumachen. Anfangs wird es etwas seltsam wirken. Aber ich glaube nicht, dass es ein Problem ist. Du kannst es üben.

Nach ein paar Tagen wirst du öfter in Kontakt mit deinem Zentrum kommen und dann wirst du verstehen, was ich meine, wenn ich immer wiederhole, dass das, was ihr sucht, bereits in euch vorhanden ist. Es befindet sich nicht in der Zukunft. Es hat nichts mit der Zukunft zu tun. Es ist schon hier und jetzt, es ist bereits vorhanden.

Wenn Geburt und Tod eins werden

Ein alter Baum, der neben meinem Haus steht, tanzt schon seit einiger Zeit im Regen und seine alten Blätter fallen voller Anmut und Schönheit herab. Nicht nur der Baum tanzt im Regen und im Wind, auch die fallenden Blätter tanzen; sie feiern.

Abgesehen vom Menschen leidet kein Wesen in der ganzen Existenz unter dem Alter; tatsächlich kennt die Existenz überhaupt kein Altern. Sie kennt Reifen, sie kennt Fruchtbringen; sie weiß, dass es eine Zeit gibt zum Tanzen, eine Zeit, um so intensiv wie möglich zu leben, und dass es eine Zeit gibt zum Ausruhen.

❧

Die Existenz kennt überhaupt kein Altern. Sie kennt Reifen, sie kennt Fruchtbringen; sie weiß, dass es eine Zeit gibt zum Tanzen, eine Zeit, um so intensiv wie möglich zu leben, und dass es eine Zeit gibt zum Ausruhen.

❧

Die alten Blätter am Mandelbaum neben meinem Haus sterben nicht; sie begeben sich einfach nur zur Ruhe, sie verschmelzen mit der Erde, aus der sie entstanden sind. Es gibt keine Trauer, kein Leiden, sondern nur einen unendlichen Frieden, während sie fallen, um in der Ewigkeit zu ruhen. Vielleicht kommen sie an einem anderen Tag, zu einer anderen Zeit wieder zurück, in einer anderen Form, an einem anderen Baum. Dann werden sie wieder tanzen, dann werden sie wieder singen, dann werden sie sich wieder am Augenblick erfreuen.

Die Existenz kennt nur einen kreisförmigen Wandel von der Geburt bis zum Tod, vom Tod bis zur Geburt, und das ist ein ewiger Kreislauf. Jede Geburt trägt den Tod in sich, und jeder Tod trägt die Geburt in sich. Jeder Geburt geht ein Tod voraus, und jedem Tod folgt eine Geburt. Daher kennt das Leben keine Angst. Nirgendwo gibt es Angst außer im Verstand des Menschen.

Der Mensch scheint die einzige kranke Spezies im ganzen Kosmos zu sein. Woher kommt diese Krankheit? Es sollte eigentlich anders sein … der Mensch sollte mehr genießen, mehr lieben, mehr im Augenblick leben. Ob dieser Augenblick zur Kindheit oder zur Jugend oder zum Alter gehört, ob er ein Augenblick der Geburt oder des Todes ist, spielt überhaupt keine Rolle. Du transzendierst all diese kleinen Episoden.

Du bist schon durch Tausende von Geburten gegangen und durch Tausende von Toden. Und wer klar sieht, versteht es sogar noch tiefer, versteht, dass es in jedem Augenblick geschieht. Etwas in dir stirbt in jedem Augenblick, und etwas in dir wird neu geboren. Leben und Tod liegen nicht so weit auseinander, liegen nicht siebzig Jahre auseinander. Leben und Tod sind mehr wie die zwei Flügel eines Vogels, sie geschehen gleichzeitig. Ohne Tod gibt es kein Leben, und ohne Leben gibt es keinen Tod. Ganz offensichtlich handelt es sich dabei nicht um Gegensätze, sondern um zwei Hälften, die sich gegenseitig ergänzen. Sie brauchen einander, um zu existieren, sie sind voneinander abhängig. Sie sind Teil eines großen kosmischen Ganzen.

Doch weil der Mensch so unbewusst ist, weil er so tief schläft, ist er unfähig, diese einfache und offensichtliche

Tatsache zu erkennen. Es braucht nur ein kleines bisschen Bewusstheit, gar nicht viel, um zu erkennen, dass wir uns jeden Augenblick verändern. Und Veränderung bedeutet, dass etwas stirbt und dass etwas neu geboren wird. Dann werden Geburt und Tod eins; dann werden die Kindheit und ihre Unschuld eins mit dem Alter und seiner Unschuld.

Es braucht nur ein kleines bisschen Bewusstheit, gar nicht viel, um zu erkennen, dass wir uns jeden Augenblick verändern. Und Veränderung bedeutet, dass etwas stirbt und dass etwas neu geboren wird. Dann werden Geburt und Tod eins; dann werden die Kindheit und ihre Unschuld eins mit dem Alter und seiner Unschuld.

Es gibt darin einen Unterschied, aber keinen Gegensatz. Die Unschuld des Kindes ist in Wirklichkeit arm, denn sie ist praktisch gleichbedeutend mit Unwissenheit. Der alte Mensch dagegen, der durch all die Erfahrungen von Dunkelheit und Licht, Liebe und Hass, Freude und Leid gegangen ist, der durch die schwierigen Situationen des Lebens gereift ist, ist an einem Punkt angekommen, an dem er in die Erfahrungen nicht mehr verwickelt ist. Unglück kommt … er beobachtet. Glück kommt … und er beobachtet. Er ist zum Beobachter auf dem Hügel geworden. Alles geschieht dort unten in den dunklen Tälern, doch er bleibt auf dem sonnenbeschienenen Gipfel des Berges und beobachtet einfach nur in äußerster Stille.

Die Unschuld des Alters ist reich. Sie ist reich an Erfahrungen; sie ist reich an Fehlschlägen und Erfolgen; sie ist reich an richtigen und falschen Handlungen; sie birgt einen multidimensionalen Reichtum in sich. Diese Unschuld ist nicht mehr gleichbedeutend mit Unwissenheit. Diese Unschuld kann nur gleichbedeutend sein mit Weisheit.

Beide sind unschuldig, das Kind und der alte Mann. Doch ihre Unschuld besitzt einen qualitativen Unterschied. Das Kind ist unschuldig, weil es noch nicht in die dunkle Nacht der Seele hinabgestiegen ist; der alte Mann ist unschuldig, weil er aus dem Tunnel wieder aufgetaucht ist. Der eine betritt den Tunnel, der andere kommt wieder heraus. Der eine wird viel erleiden; der andere hat bereits genug erlitten. Der eine kann der Hölle, die vor ihm ist, nicht entrinnen; der andere hat die Hölle bereits hinter sich gelassen.

Jeder Mensch, ob er es weiß oder nicht, trägt ein Zittern in seinem Herzen: Er wird alt, und nach dem Alter kommt die Sintflut – kommt der Tod. Und seit Jahrhunderten hat man euch so viel Angst vor dem Tod eingejagt, dass diese Vorstellung in eurem Unbewussten sehr tief verankert ist; sie ist euch ins Blut, in die Knochen, ins Mark übergegangen. Selbst das Wort macht euch bereits Angst – nicht, dass ihr wirklich wüsstet, was der Tod ist, doch aufgrund von Jahrtausenden der Konditionierung, dass der Tod das Ende des Lebens ist, fürchtet ihr euch.

Ich möchte, dass ihr euch absolut bewusst seid, dass der Tod nicht das Ende ist. In der Existenz gibt es nichts, was beginnt, und nichts, was endet. Schaut euch doch einmal um … der Abend ist nicht das Ende, und der Morgen ist nicht der Anfang. Der Morgen bewegt sich in Richtung Abend, und der Abend bewegt sich in Richtung Morgen. Alles verändert einfach nur seine Form.

❧

Schaut euch doch einmal um … der Abend ist nicht das Ende, und der Morgen ist nicht der Anfang. Der Morgen bewegt sich in Richtung Abend, und der Abend bewegt sich in Richtung Morgen. Alles verändert einfach nur seine Form.

❧

Es gibt keinen Anfang, und es gibt kein Ende.

Warum sollte es beim Menschen anders sein? Der Mensch ist keine Ausnahme. Durch seine Vorstellung, außergewöhnlich zu sein, anders als die übrigen Tiere und die Bäume und die Vögel, hat der Mensch sich seine eigene Hölle erschaffen, seine Paranoia. Die Vorstellung, dass ihr außergewöhnliche Wesen seid, hat einen Riss zwischen euch und der Existenz entstehen lassen. Dieser Riss verursacht all eure Ängste und Sorgen, verursacht unnötige Seelenqual in euch. Und alle eure so genannten Führer, seien es nun religiöse oder politische oder soziale Führer, haben diesen Riss immer nur weiter verstärkt; sie haben ihn breiter gemacht. Es gab keinen einzigen Versuch, diesen Riss zu überbrücken, den Menschen zurück zur Erde zu bringen, den Menschen zurück zu den Tieren und den Vögeln und den Bäumen zu bringen und seine absolute Einheit mit der Existenz zu verkünden.

Doch das ist die Wahrheit unseres Seins – und sobald man das verstanden hat, sorgt man sich nicht mehr über das Alter oder über den Tod, denn wenn man sich umsieht, kann man absolut sicher sein, dass nichts jemals beginnt, dass alles immer schon da war; dass nichts jemals endet, dass alles immer da sein wird.

Doch die Vorstellung, alt zu sein, erfüllt euch mit großer Angst. Es bedeutet, dass eure Tage nun gezählt sind, dass die Tage des Lebens, der Liebe, der Freude vorbei sind, dass ihr nun nur noch dem Namen nach existiert. Es wird keine Freude mehr geben, sondern ihr werdet euch nur noch zum Grab hinschleppen. Offensichtlich könnt ihr die Vorstellung nicht ertragen, dass ihr nur noch eine Last für die Existenz seid, dass ihr euch nur noch in der Schlange befindet, die sich in jedem Augenblick näher in Richtung Friedhof bewegt. Es ist ein großes Versagen aller Kulturen und aller Zivilisationen der Welt, dass sie nicht fähig waren, für ihre alten Menschen ein sinnvolles Leben, eine kreative Lebensweise zu entwickeln; dass sie nicht fähig waren, nicht nur dem Alter, sondern auch dem Tod eine subtile Schönheit und Anmut zu verleihen.

Und das Problem wird noch komplizierter, weil ihr euch umso mehr vor dem Leben fürchtet, je mehr ihr euch vor dem Tod fürchtet. Jeder Augenblick des Lebens bringt euch dem Tod näher … Ein Mensch, der sich vor dem Tod fürchtet, kann das Leben nicht lieben, denn es ist das Leben, das ihn schließlich zu den Toren des Todes führt. Wie könnte er da das Leben lieben? Aus diesem Grund haben alle Religionen angefangen, dem Leben zu entsagen: Entsage allem, denn das ist die einzige Möglichkeit, dem Tod zu entsagen. Wenn du das Leben nicht lebst, wenn du das Leben, Lieben, Tanzen, Singen aufgegeben hast, dann musst du dich natürlich vor dem Tod nicht mehr fürchten, denn dann bist du bereits tot.

Diese toten Menschen haben wir als Heilige bezeichnet; wir haben sie verehrt. Wir haben sie verehrt, weil wir wussten, dass wir gerne wie sie wären, auch wenn wir nicht so viel Mut haben. Wenigstens können wir sie verehren und unsere guten Absichten zeigen: »Wenn wir den Mut hätten oder eines Tages den Mut dafür finden könnten, würden wir auch gern so leben wie ihr: absolut tot.« Die Heiligen können nicht sterben, weil sie bereits gestorben sind. Sie haben alle Vergnügungen, alle Freuden aufgegeben; sie haben allem entsagt, was das Leben zu bieten hat. Sie haben der Existenz ihre Eintrittskarte zurückgegeben und gesagt: »Ich nehme an der Vorstellung nicht mehr teil.« Sie haben die Augen geschlossen.

Es geschah einmal, dass ein so genannter Heiliger mich besuchte. Ich nahm ihn mit in den Garten – dort blühten viele wunderschöne Dahlien, und ich zeigte ihm diese wunderbaren Blüten in der Morgensonne. Er schaute mich sehr seltsam an, leicht verärgert, irritiert, und er konnte der Versuchung nicht widerstehen zu sagen: »Ich dachte, Sie seien ein religiöser Mensch ... und doch genießen Sie noch die Schönheit der Blumen?« In einem Punkt hat er Recht, denn wenn man die Schönheit der Blumen genießt, kann man nicht vermeiden, sich an der Schönheit der Menschen zu erfreuen. Man kann nicht vermeiden, sich an der Schönheit von Frauen zu erfreuen; man kann nicht vermeiden, sich an der Schönheit von Musik und Tanz zu erfreuen. Wenn man sich für die Schönheit der Blumen interessiert, zeigt man, dass man immer noch am Leben interessiert ist, dass man der Liebe noch nicht entsagt hat. Wenn man sich der Schönheit bewusst ist, wie könnte man da die Liebe vermeiden?

Schönheit ruft Liebe hervor; Liebe verleiht Schönheit.

Ich erwiderte: »In diesem einen Punkt haben Sie Recht, doch im zweiten Punkt haben Sie Unrecht. Wer hat Ihnen erzählt, dass ich ein religiöser Mensch sei? Ich bin doch noch nicht tot! Um religiös zu sein, muss man als Voraussetzung tot sein. Doch solange man am Leben ist, kann man nur ein Heuchler sein, kann man nicht wirklich religiös sein.«

Wenn man einen Vogel im Flug beobachtet, muss man sich einfach an seiner Freiheit erfreuen. Und wenn man einen Sonnenuntergang mit all den Farben betrachtet, die den Horizont zum Leuchten bringen – selbst wenn man die Augen schließt, zeigt doch schon diese Handlung das Interesse daran. Man ist von der Schönheit des Ganzen überwältigt.

Leben ist ein anderer Begriff für Liebe, und Liebe ist nichts anderes, als empfänglich für Schönheit zu sein.

Ich sagte also zu dem so genannten Heiligen: »Ich kann der Religion entsagen, aber ich kann nicht dem Leben entsagen, denn die Existenz selbst hat mir das Leben gegeben. Und die Religion ist nur von Menschen gemacht, von Priestern und Politikern – und dazu bestimmt, dem Menschen seine Freude zu nehmen, dem Menschen seine Würde zu nehmen, dem Menschen selbst noch seine Menschlichkeit zu nehmen.«

In diesem Sinne bin ich kein religiöser Mensch. Ich habe eine vollkommen andere Definition von Religiosität. Für mich ist ein religiöser Mensch jemand, der vollkommen lebendig ist, intensiv lebendig, der in Liebe entflammt ist, der sich der ungeheuren Schönheit um ihn herum bewusst ist und der den Mut hat, jeden Augenblick von Leben und Tod gleichermaßen zu genießen. Nur ein Mensch, der fähig ist, sich an Leben und Tod gleichermaßen zu erfreuen – sein Lied klingt weiter. Es spielt keine Rolle, ob es um Leben oder Tod geht, sein Lied wird dadurch nicht gestört, sein Tanz geht weiter.

Für mich ist ein religiöser Mensch jemand, der vollkommen lebendig ist, intensiv lebendig, der in Liebe entflammt ist, der sich der ungeheuren Schönheit um ihn herum bewusst ist und der den Mut hat, jeden Augenblick von Leben und Tod gleichermaßen zu genießen. Nur ein Mensch, der fähig ist, sich an Leben und Tod gleichermaßen zu erfreuen – sein Lied klingt weiter.

Nur solch eine wagemutige Seele, nur solch ein Pilger des Lebens ist religiös. Doch im Namen der Religion wurde dem Menschen ein schlechter Ersatz gegeben, wurden ihm falsche, unechte, bedeutungslose Spielzeuge gegeben. Die Religion hat den Menschen von echter und authentischer Religiosität abgelenkt, indem sie ihm Statuen zu verehren und *Mantras* zu singen gab, indem sie ihn so genannte Heilige verehren ließ, die eigentlich Feiglinge und Drückeberger waren, die nicht fähig waren, das Leben zu leben, weil sie sich so sehr vor dem Tod fürchteten.

Du brauchst dir über das Alter also keine Sorgen zu machen. Und es ist sogar noch besser, wenn die Leute anfangen, dich als uralt zu betrachten. Es bedeutet, dass du die wahre Transzendenz erreicht hast, dass du alles erlebt hast, dass du deine Reife erlangt hast. Du hast auf nichts verzichtet und hast nichts aufgegeben, du bist einfach durch alle Erfahrungen hindurchgegangen. Du hast so viele Erfahrungen gesammelt, dass du diese Erfahrungen jetzt nicht wieder und wieder machen musst. Das ist Transzendenz.

Du solltest dich freuen; und ich wünschte, die ganze Welt würde verstehen, dass diese Freude unser Geburtsrecht ist, dass wir mit tiefer Dankbarkeit das Alter und schließlich die Vollendung im Tod akzeptieren können. Wenn du das nicht mit Anmut annehmen kannst, wenn du nicht darüber lachen kannst – wenn du nicht in die Unendlichkeit entschwinden und dabei ein Lachen hinter dir lassen kannst –, dann hast du nicht richtig gelebt. Ihr wurdet von den falschen Leuten beherrscht und gelenkt. Sie mögen eure Propheten gewesen sein, eure Erlöser, eure Retter; sie mögen göttliche Inkarnationen für euch gewesen sein, doch sie waren alle Kriminelle in dem Sinn, dass sie euch das Leben geraubt und euch mit Ängsten erfüllt haben.

Meine Bemühungen gehen dahin, euch mit Lachen zu erfüllen. Jede Faser eures Wesens sollte in jedem Augenblick voller Freude tanzen, ob es Tag ist oder Nacht, ob ihr euch gut fühlt oder schlecht. Unabhängig von den Umständen sollte ein unterschwelliger Strom der Freude durch euer Leben laufen. Das ist für mich echte Religiosität.

Hier ein paar *Sutras* für euch:

»Ein alter Mann ist jemand, der im Bett seine Brille trägt, damit er die Mädchen, von denen er träumt, besser sehen kann.«

»Ein alter Mann ist jemand, der auf Partys nur deshalb mit den jungen Mädchen flirtet, damit seine Frau ihn endlich nach Hause bringt.«

»Die Schönheit des Alters besteht darin, dass man zu alt ist, um ein schlechtes Beispiel zu geben, und stattdessen anfangen kann, gute Ratschläge zu erteilen.«

»Frauen lieben die einfachen Dinge im Leben – zum Beispiel alte Männer.« Wenn Frauen anfangen, dich zu mögen, bedeutet das, dass du am Ende bist! Sie haben keine Angst mehr vor dir, du wirst jetzt von ihnen akzeptiert.

»In jedem alten Menschen steckt ein junger Mensch, der sich fragt, was eigentlich passiert ist.«

Aus dem Spiel aussteigen

Du wirst erst reif, wenn du beginnst zu meditieren; sonst bleibst du kindisch. Deine Spielzeuge verändern sich vielleicht – kleine Kinder spielen mit kleinen Spielzeugen und große Kinder, erwachsene Kinder, in die Jahre gekommene Kinder spielen mit großen Spielzeugen – aber es besteht kein qualitativer Unterschied.

Du kannst es beobachten … Kinder machen es manchmal. Dein Sohn stellt sich auf den Tisch, während du auf dem Stuhl an der Seite sitzt, und sagt: »Schau, Papa, ich bin größer als du.« Er steht höher, auf dem Tisch, und er sagt: »Schau, ich bin größer als du«, und du lachst ihn aus.

Aber was machst du selbst? Achte nur einmal darauf, wie du gehst, wenn du mehr Geld hast als die anderen. Du sagst damit all deinen Nachbarn: »Schaut! Ich bin größer als ihr.« Oder wenn du Präsident wirst oder Kanzler, schau, wie du gehst, mit welchem Hochmut, mit wie viel Ego. Du sagst damit jedem: »Ich habe euch alle besiegt. Ich sitze auf dem größten Stuhl.« Das sind dieselben Spiele! Von der Kindheit bis ins hohe Alter spielst du dieselben Spiele. Du kannst Monopoly spielen oder du kannst hingehen und an der Börse spielen – es macht keinen Unterschied, es ist das gleiche Spiel, nur in einem größeren Maßstab.

Sobald du verstanden hast, dass das die Wurzel für dein kindisches Verhalten ist, der extravertierte Verstand ... Kleine Kinder versuchen nach dem Mond zu greifen und die größten Wissenschaftler versuchen nach dem Mond zu greifen – und sie haben ihn sogar erreicht. Da ist nicht viel Unterschied.

Wenn du nach außen gehst, kannst du andere Sterne erreichen und wirst doch kindisch bleiben. Selbst wenn du den Mond erreichst, was machst du dort? Du bist immer noch derselbe! Mit all dem alten Schrott in deinem Kopf, mit all dem heiligen Mist in deinem Herzen wirst du auf dem Mond stehen. Es wird überhaupt keinen Unterschied machen! Du kannst arm sein, du kannst reich sein, du kannst völlig unbekannt oder weltberühmt sein – es macht überhaupt keinen Unterschied. Wenn nicht der Verstand eine Kehrtwendung macht und sich nach innen richtet, wenn er nicht eine ganz neue Dimension betritt und meditativ wird ...

Meditation ist der Verstand, der sich seiner eigenen Quelle zuwendet.

Meditation macht dich reif; Meditation macht dich wirklich erwachsen. Älter zu werden bedeutet nicht unbedingt, erwachsen zu werden, denn es gibt viele Achtzigjährige, die immer noch ihre Spielchen spielen, hässliche Machtspiele – selbst noch im Alter von zweiundachtzig, dreiundachtzig, vierundachtzig! Der Schlaf ist so tief. Wann werden sie endlich aufwachen? Wann werden sie die innere Welt bemerken?

Und der Tod wird dir alles nehmen, was du angesammelt hast – deine Macht, dein Geld, dein Ansehen. Nichts wird übrig bleiben, nicht einmal eine Spur. Dein ganzes Leben wird ausgelöscht. Der Tod kommt und zerstört alles, was du getan hast; der Tod kommt und beweist, dass all deine Paläste nur Kartenhäuser waren.

Reife bedeutet, etwas in dir zu kennen, das unsterblich ist, etwas in dir zu kennen, das den Tod transzendiert – das ist Meditation. Der Verstand kennt die Welt; Meditation kennt Gott. Der Verstand ist ein Mittel, die Objekte zu verstehen; Meditation ist ein Mittel, das Subjekt zu verstehen. Der Verstand beschäftigt sich mit dem Inhalt, Meditation beschäftigt sich mit dem Behälter, dem Bewusstsein. Der Verstand ist von den Wolken besessen, Meditation sucht den Himmel. Wolken kommen und gehen; der Himmel bleibt.

❧

Der Verstand ist ein Mittel, die Objekte zu verstehen; Meditation ist ein Mittel, das Subjekt zu verstehen. Der Verstand beschäftigt sich mit dem Inhalt, Meditation beschäftigt sich mit dem Behälter, dem Bewusstsein. Der Verstand ist von den Wolken besessen, Meditation sucht den Himmel. Wolken kommen und gehen; der Himmel bleibt.

❧

Suche nach dem inneren Himmel. Und wenn du ihn gefunden hast, wirst du niemals sterben. Der Körper wird sterben, der Verstand wird sterben, doch du wirst niemals sterben. Und das zu wissen bedeutet, das Leben zu kennen. Was ihr Leben nennt, ist nicht wirklich Leben, weil es dem Tod geweiht ist. Nur ein Meditierender weiß, was Leben ist, denn er hat die Quelle der Unendlichkeit erreicht.

RÄTSEL

Vertretbarer Totschlag

Ich bin fünfzig Jahre alt, aber ich fühle mich noch nicht reif und wirklich erwachsen. Was ist los mit mir?

Vielleicht hast du noch niemanden totgeschlagen. Das ist ein Muss – wenn du reif werden möchtest, musst du ein erfahrener Mörder werden. Wenn du nicht ein paar Leute totschlägst, wirst du niemals reif werden. Du musst deine Eltern töten, du musst deine Lehrer töten, du musst deine Führer töten. Sie alle melden sich in dir zu Wort und erlauben dir nicht, erwachsen zu werden – sie sorgen dafür, dass du kindlich bleibst. Sie machen dich abhängig, sie ermöglichen dir keine Unabhängigkeit.

Es geschah einmal, dass ein Mönch sich von Buddha verabschiedete – er ging weg, um Buddhas Botschaft zu verkünden. Als er kam, um seine Füße zu berühren, segnete Buddha ihn und sagte zu seinen anderen Schülern: »Seht ihr diesen gesegneten Mönch? Er hat seine Mutter ermordet, er hat seinen Vater ermordet, er hat seine Verwandten ermordet, er hat seinen König ermordet.« Die Umstehenden waren sehr überrascht und wagten ihren Ohren kaum zu trauen: »Was will Buddha damit sagen?«

Ein Schüler raffte all seinen Mut zusammen und fragte: »Meister, was willst du damit sagen? Bedeutet das, ein Mörder besitzt Tugend? Du nennst ihn gesegnet?« Da lachte Buddha und sagte: »Nicht nur das, er hat sogar sich selbst ermordet – er hat Selbstmord begangen.« Dann sang Buddha ein Lied, ein *Gatha*, in dem er erklärte, was er damit meinte.

Jeder wird als Kind von den Eltern aufgezogen. Das ist der Weg in die Welt; auf diese Weise wird man jahrelang dazu erzogen, ein Kind zu bleiben. Alles war geordnet, und es wurde erwartet, dass man gehorchte. Dadurch seid ihr abhängig geworden – immer sucht ihr nach Vaterfiguren, immer sucht ihr nach Autoritäten, die euch sagen, was ihr tun sollt und was ihr nicht tun sollt.

Reife bedeutet zu verstehen, dass man selbst entscheiden muss, dass man seine Entscheidungen alleine treffen muss. Auf eigenen Füßen zu stehen – das ist es, was Reife bedeutet. Doch es geschieht selten, weil die Eltern fast jedes Kind mehr oder weniger verderben. Und dann folgt die Schule und die Oberschule und die Universität – und sie alle verderben euch. Es ist sehr selten, dass jemand reif wird.

Die Gesellschaft ist nicht glücklich über reife Menschen. Reife Menschen sind gefährlich, denn reife Menschen leben ihrem eigenen Wesen entsprechend. Sie machen ihr eigenes Ding – sie kümmern sich nicht darum, was die Leute sagen, was die Meinung der anderen ist. Sie streben nicht nach gesellschaftlicher Anerkennung, nach Prestige; sie kümmern sich nicht um Ehre. Sie leben ihr eigenes Leben – um jeden Preis. Sie sind bereit, alles zu opfern, doch niemals ihre Freiheit. Die Gesellschaft fürchtet sich vor solchen Leuten; die Gesellschaft möchte, dass alle kindlich bleiben. Jeder sollte in einem Alter irgendwo zwischen sieben und vierzehn stehen bleiben – und da befinden sich auch die meisten Menschen.

Im Ersten Weltkrieg stießen Psychologen zum ersten Mal auf dieses seltsame Phänomen. Es war das erste Mal, dass auf einer breiten Basis, in der Armee, das mentale Alter der Menschen erforscht wurde. Und dabei wurde etwas Merkwürdiges entdeckt: Die Leute in der Armee besaßen ein durchschnittliches mentales Alter von zwölf

Jahren. Der Körper mag fünfzig sein, doch der Verstand ist irgendwo unter vierzehn geblieben.

Im Alter von vierzehn Jahren seid ihr bereits unterdrückt – denn danach wird die Unterdrückung schwierig. Wenn ein Junge nicht vor dem Alter von vierzehn Jahren unterdrückt wurde, gibt es keine Möglichkeit mehr, ihn jemals zu unterdrücken – denn sobald er ein sexuelles Wesen wird, wird er stark. Vor diesem Alter ist er schwach, weich, feminin. Vor vierzehn kann man alles in seinen Verstand eintrichtern – er ist leicht beeinflussbar, man kann ihn leicht hypnotisieren. Man kann ihm sagen, was man will, und er wird zuhören und es glauben.

Nach dem vierzehnten Lebensjahr taucht der logische Verstand auf, taucht der Zweifel auf. Um vierzehn herum erwacht die Sexualität, und mit der Sexualität wird das Kind unabhängig. Jetzt kann der Junge selbst Vater werden, jetzt kann das Mädchen selbst Mutter werden. Die Natur, die Biologie, macht den Menschen also im Alter von vierzehn unabhängig von den Eltern. Das war schon lange bekannt, schon bevor es überhaupt Psychologen gab. Die Priester haben es schon vor langer Zeit herausgefunden – jahrtausendelang haben sie die Menschen beobachtet und sind zu dem Ergebnis gekommen: Wenn man ein Kind unterdrücken möchte, wenn man ein Kind abhängig machen möchte, muss man damit so früh wie möglich anfangen – je früher, desto besser. Wenn es vor dem Alter von sieben geschieht, ist der Erfolg sehr viel sicherer. Wenn man es nicht vor dem Alter von vierzehn macht, gibt es keine Möglichkeit mehr, es nachzuholen.

Aus diesem Grund sind alle möglichen Leute an Kindern und deren Erziehung interessiert. Alle Religionen sind daran interessiert; sie sagen, die Kinder sollten eine religiöse Erziehung bekommen. Warum? Weil ihr Verstand konditioniert werden soll, bevor sie unabhängig werden.

Die größte Aufgabe für einen Menschen, der wirklich frei werden möchte, der wirklich bewusst werden möchte, der sich wirklich dehypnotisieren möchte – der keine Begrenzungen irgendwelcher Art haben möchte, der vollkommen dem Fluss der Existenz folgen möchte –, ist also, sich von vielen Dingen in seinem Inneren zu befreien. Und wenn ich sage oder wenn Buddha sagt, du musst deine Mutter und deinen Vater töten, dann bedeutet das nicht, dass du hingehen und deinen Vater und deine Mutter tatsächlich umbringen sollst – aber töte den Vater und die Mutter, die du in dir trägst, die Idee von ihnen.

Sei aufmerksam und beobachte dich, dann wirst du sie finden. Du willst zum Beispiel etwas tun, und plötzlich hörst du die Stimme deiner Mutter: »Das macht man nicht!« Du kannst es beobachten, du wirst ihre Stimme hören, so wie sie sich immer anhörte – es ist wie ein Tonband in dir. Du möchtest dich mit Eiscreme voll stopfen – pass auf: Plötzlich kommt ein Moment, in dem die Mutter aus deinem Inneren spricht: »Iss nicht so viel – genug ist genug. Jetzt hör auf!« Und schon beginnst du dich schuldig zu fühlen.

Wenn du mit einer Frau oder mit einem Mann ins Bett gehen willst, stehen plötzlich alle deine Lehrer in einer Reihe vor dir und sagen: »Du bist dabei, eine Missetat zu begehen, du bist dabei, eine Sünde zu begehen. Vorsicht, denn das ist eine Falle! Fliehe, bevor es zu spät ist.« Selbst wenn du mit deiner eigenen Frau im Bett bist, kommen deine Mutter und dein Vater und deine Lehrer dazwischen und machen es kaputt.

Nur ganz selten findet man einen Mann oder eine Frau, die sich wirklich vollständig der Liebe hingeben – ihr könnt es nicht, denn viele Jahre lang hat man euch beigebracht, dass körperliche Liebe etwas Schlechtes ist. Wie könntet ihr das so einfach loslassen? Außer du bist fähig, all diese Stimmen zum Schweigen zu bringen … doch dazu braucht es großen Mut. Du musst bereit sein, alle Elternstimmen hinter dir zu lassen, alle Autoritäten hinter dir zu lassen, dich ohne Landkarte in das Unbekannte zu begeben, ganz allein auf dich selbst gestellt. Bereit, etwas zu riskieren.

Es gab einmal einen Mann, Alexander Eliot, der bei einem Zenmeister lernte. Monatelang meditierte er und praktizierte Zazen und drang dabei in die tieferen Ebenen seines eigenen Seins vor. Eines Nachts hatte er einen Traum, einen sehr seltsamen Traum. Die Zenleute wissen um diesen Traum, doch für Eliot war er befremdlich; er kam aus dem Westen und er war schockiert. Er erzählt von diesem Traum …

»Vor kurzem hatte ich einen Traum, in dem mir Bodhidharma erschien. Er war ein Schreckgespenst von einem Mann – rund, gespenstisch, mit hervorstehenden Augen und vorgewölbter Stirn.«

Genau wie ich ist Bodhidharma ein gefährlicher Mann. Und die Zenleute haben sein Gesicht gemalt, sehr liebevoll, auf sehr gefährliche Weise. Er war in Wirklichkeit nicht so – nicht tatsächlich, nicht körperlich; körperlich war er einer der schönsten Männer, die je gelebt haben –, aber wenn du jemals ein Bild von Bodhidharma siehst, wirst du erschrecken! Wenn du in seine Augen schaust, wirkt er wie ein Mörder, als ob er dich umbringen wollte. Aber das ist es schließlich, was ein Meister macht. Selbst im Traum bekam Alexander Eliot sehr viel Angst und begann zu zittern.

»Grinste er oder schnitt er Grimassen? Wegen seiner groben, abstehenden Barthaare konnte man das nicht mit Sicherheit sagen. ›Du scheinst ein erwachsener Mann zu sein‹, raunte er durch seinen Bart, ›aber du hast noch niemanden umgebracht. Wie kommt das?‹«

Eliot war so schockiert, dass er aufwachte; er stellte fest, dass er schweißnass war und zitterte. »Was meint dieser seltsame Mann damit: Wie kommt es, dass du noch niemanden umgebracht hast?«

Genau das meine ich damit: Dein Gefühl, dass du noch kein erwachsener Mann bist, kommt einfach nur daher, dass du noch niemanden umgebracht hast. Und fünfzig ist schon sehr spät – du solltest jetzt keine Zeit mehr verlieren. Befreie dich sofort von allen Konditionierungen in dir. Reinige dein Inneres von allen alten Tonbändern, reinige deinen Geist.

Beginne dein eigenes Leben zu leben, von diesem Augenblick an, als wüsstest du nichts, als hätte niemand dir irgendetwas beigebracht – frisch, rein, unvorbelastet –, und du wirst bald merken, dass Reife entsteht. Und ohne Reife ist das Leben nichts wert, denn alles Schöne passiert nur in einem reifen Verstand, alles Große geschieht nur in einem reifen Geist. Erwachsen zu werden ist ein Segen. Doch die meisten Leute werden einfach nur alt, sie werden niemals erwachsen. Sie nehmen nur zu an Alter, aber sie nehmen ab an Bewusstsein. Ihr Bewusstsein bleibt fötal, es ist noch nicht aus dem Schoß hervorgetreten, es ist noch gar nicht geboren. Nur der Körper ist geboren – du selbst bist noch gar nicht geboren.

Nimm dein Leben in deine eigenen Hände – es ist dein Leben. Du bist nicht hier, um die Erwartungen anderer zu erfüllen. Lebe nicht das Leben deiner Mutter und nicht das Leben deines Vaters, lebe dein eigenes Leben.

❧

Beginne dein eigenes Leben zu leben, von diesem Augenblick an, als wüsstest du nichts, als hätte niemand dir irgendetwas beigebracht – frisch, rein, unvorbelastet –, und du wirst bald merken, dass Reife entsteht.

❧

Leben ohne Einstellung

An einem Tag betonst du Reife und am nächsten Tag sagst du: »Seid wie die Kinder.« Wenn ich eine reife Einstellung annehme, habe ich das Gefühl, dass mein inneres Kind unterdrückt wird und sich nicht ausleben kann. Doch wenn ich mein inneres Kind singen und tanzen lasse, kommen kindliche Einstellungen zum Vorschein. Was soll ich tun?

Reif sein bedeutet nicht, eine reife Einstellung anzunehmen. Tatsächlich ist das Übernehmen einer reifen Einstellung das größte Hindernis dafür, wirklich reif zu werden. Etwas anzunehmen bedeutet, dass etwas übergestülpt wird, dass etwas kultiviert und trainiert wird. Es entsteht nicht aus dir selbst. Es ist eine Maske, ein aufgemaltes Gesicht; es ist nicht dein wahres Wesen.

Aber das ist es, was alle machen. Das ist der Grund, warum alle Menschen auf dieser Welt immer nur reif erscheinen – sie sind es nicht, sie sind vollkommen unreif. Sie haben Einstellungen übernommen, doch in ihrem Innern sind sie kindisch geblieben. Ihre Reife ist nur äußerlich, sie geht nur bis unter die Hautoberfläche oder nicht einmal so weit.

Kratzt nur einmal ein wenig an einem Menschen und ihr werdet feststellen, dass Unreife auftaucht. Und nicht nur bei den so genannten gewöhnlichen Menschen – kratzt nur einmal ein wenig an euren Heiligen und ihr werdet Unreife finden, oder kratzt an euren Politikern und Führern. Beobachtet nur einmal irgendein Parlament auf der Welt – nirgendwo sonst könnt ihr eine so große Versammlung unreifer und kindischer Leute finden.

Die Menschen haben sich selbst und andere immer nur getäuscht. Wenn man etwas annimmt, ist man falsch, ist man pseudo. Ich habe nicht gesagt, dass ihr etwas annehmen sollt. Seid! Etwas anzunehmen ist ein Hindernis für das Sein. Und der einzige Weg zum Sein ist, am Anfang zu beginnen. Weil eure Eltern euch in eurer Kindheit keine Freiheit gaben, seid ihr irgendwo stecken geblieben. Das geistige Alter der so genannten normalen Menschen liegt bei etwa zehn bis dreizehn Jahren, noch nicht einmal bei vierzehn! Du magst siebzig oder achtzig Jahre alt sein, doch dein geistiges Alter liegt irgendwo in der Altersspanne, bevor du sexuell reif wurdest. In dem Augenblick, in dem ein Mensch sexuell reif wird, mit dreizehn oder vierzehn, ist seine Entwicklung abgeschlossen. Dann wird er nur noch mehr und mehr falsch. Eine Falschheit muss hinter der nächsten versteckt werden, eine Lüge muss mit der nächsten verteidigt werden, und dann ist kein Ende mehr abzusehen. Man wird zu einem Haufen Müll – das ist es, was Persönlichkeit ist. Man muss die Persönlichkeit ablegen, nur dann kann die Individualität sich zeigen. Das ist nicht dasselbe. Die Persönlichkeit ist nur ein Ausstellungsstück; sie ist Schau, sie ist nicht die Realität.

Die Individualität ist deine Realität, sie ist kein Ausstellungsstück. Man kann so tief in dir graben, wie man möchte, und wird doch immer denselben Geschmack finden. Buddha soll gesagt haben: »Ihr könnt meinen Geschmack von allen Seiten testen und werdet immer denselben finden, so wie der Ozean überall salzig schmeckt.« Individualität ist ein Ganzes, sie ist organisch. Persönlichkeit ist schizophren: Das Zentrum ist das eine und die Außenseite ist etwas anderes, und beide treffen sich niemals. Nicht nur treffen sie sich nicht, nicht nur sind sie verschieden, sie sind sogar diametral entgegengesetzt, sie befinden sich in einem ständigen Kampf miteinander.

Als Erstes muss man also verstehen, dass es nicht darum geht, eine reife Einstellung zu übernehmen. Sei entweder reif oder unreif. Wenn du unreif bist, dann sei unreif – indem du unreif bist, ermöglichst du Wachstum. Lass die Unreife da sein; sei nicht falsch, sei nicht unehrlich. Wenn du kindisch bist, sei kindisch – was ist denn dabei? Sei kindisch. Akzeptiere es, lass es zu. Erzeuge keine innere Spaltung, denn sonst entsteht ein fundamentaler Wahnsinn. Sei einfach du selbst.

Es ist nichts Falsches daran, kindisch zu sein. Nur weil man dir beigebracht hat, dass es falsch ist, kindisch zu sein, hast du angefangen, diese Einstellung zu übernehmen. Von Kindheit an hast du versucht, reif zu sein, und wie könnte ein Kind reif sein? Ein Kind ist ein Kind; es muss kindlich sein. Aber es wird ihm nicht erlaubt, und deshalb werden schon kleine Kinder zu Diplomaten – sie fangen an, anderen etwas vorzumachen, sie verhalten sich angepasst, sie werden von Anfang an zu einer Lüge erzogen, und die Lüge wird immer größer und größer. Und dann beginnen sie eines Tages nach der Wahrheit zu suchen und wenden sich den Heiligen Schriften zu. Doch diese Schriften enthalten keine Wahrheit. Die Wahrheit liegt in eurem eigenen Wesen, das ist die wahre Heilige Schrift. Die Veden, der Koran, die Bibel – sie alle liegen in eurem Bewusstsein! Ihr tragt alles in euch, was ihr braucht, es ist ein Geschenk Gottes. Jeder wird mit der Wahrheit in seinem Wesen geboren – Leben ist Wahrheit. Doch ihr habt lauter Lügen gelernt.

Lasst alle Lügen los. Seid mutig – und natürlich werden große Ängste in euch auftauchen, denn wenn ihr eure Persönlichkeit fallen lasst, wird eure Kindlichkeit, die niemals sein durfte, an die Oberfläche kommen. Und ihr werdet Angst bekommen: »Was! Soll ich jetzt kindlich werden? Wenn jeder weiß, dass ich ein großer Professor bin – oder ein Arzt oder ein Ingenieur? Ich habe einen Doktortitel und soll kindlich werden?« Ängste tauchen auf – die

Angst vor der Meinung der anderen, davor, was die Leute denken werden.

Genau diese Angst hat euch von Anfang an zerstört. Genau diese Angst war das Gift: »Was wird meine Mutter denken? Was wird mein Vater denken? Was werden die Leute denken, die Lehrer und die Gesellschaft?« Also wird schon das kleine Kind raffiniert – es zeigt sein Herz nicht mehr. Es weiß, dass es von anderen nicht akzeptiert wird, also erschafft es ein anderes Gesicht, eine Tarnung. Es zeigt nach außen das, was die anderen sehen wollen. Das ist Diplomatie, das ist Politik – das ist Gift!

Jeder handelt politisch. Du lächelst, weil es sich lohnt zu lächeln, du weinst, weil von dir erwartet wird zu weinen. Du sagst etwas Bestimmtes, weil das die Dinge einfacher macht. Du sagst zu deiner Frau: »Ich liebe dich«, weil sie das beruhigt. Du sagst zu deinem Mann: »Ohne dich würde ich sterben, du bist der Einzige in meiner Welt, du bist mein Leben«, weil er es erwartet, nicht weil du es fühlst. Wenn du es fühlst, dann hat es Schönheit, dann ist es eine wirkliche Rose. Doch wenn du es einfach nur so sagst, um seinem männlichen Ego zu schmeicheln, um ihn aufzubauen, weil du durch ihn bestimmte Ziele erreichen möchtest, dann ist es eine künstliche Blume, eine Plastikblume.

Ihr seid mit so viel Plastik überladen – das ist das Problem. Nicht die Welt ist das Problem. Die so genannten religiösen Menschen sagen immer: »Du musst die Welt aufgeben.« Ich sage dagegen, dass die Welt überhaupt nicht das Problem ist. Gebt die Falschheit auf – das ist das Problem. Gebt das Künstliche auf – das ist das Problem. Es besteht keine Notwendigkeit, deine Familie aufzugeben, aber gib die ganze Pseudofamilie auf, die du darum herum erschaffen hast. Sei wahr, sei authentisch. Manchmal ist es sehr schmerzhaft, wahr und authentisch zu sein, es ist nicht billig. Unwahr und nicht authentisch zu sein ist billig, ist bequem, ist anspruchslos. Es ist ein Trick, eine Strategie, dich selbst zu schützen; es ist ein Schutzpanzer. Doch dann wirst du die Wahrheit nicht finden, die du in deiner Seele trägst. Dann wirst du niemals Gott erkennen, denn Gott kann nur in dir selbst erkannt werden. Zuerst im Inneren, dann im Äußeren; zuerst innen, dann außen – denn das ist es, was dir am nächsten ist, dein eigenes Wesen. Wenn du Gott dort nicht findest, wie kannst du Gott in Krishna sehen, in Christus, in Buddha? Alles Unsinn. Du kannst Gott nicht in Christus sehen, wenn du ihn nicht in dir selbst sehen kannst. Und wie kannst du Gott in dir sehen, wenn du ständig Lügen um dich herum verbreitest? Das Lügengewirr ist so dicht, dass du den Weg zu deinem Wesen fast schon vergessen hast. Du hast dich im Dschungel der Lügen verloren.

Friedrich Nietzsche hat gesagt, dass der Mensch ohne Lügen nicht leben kann, und auf etwa neunundneunzig Prozent der Menschheit trifft das zu. Warum kann der Mensch nicht ohne Lügen leben? Weil Lügen als Puffer funktionieren, als Schockabsorber. Lügen wirken wie Schmiermittel; man stößt dann nicht ständig mit anderen Menschen zusammen. Du lächelst und der andere lächelt – das ist Schmierung. Du fühlst dich im Innern vielleicht ärgerlich oder bist sogar voller Wut, doch du sagst weiter zu deiner Frau: »Ich liebe dich.« Die Wut auszudrücken würde dich nur in die Bredouille bringen.

Doch denke daran, wenn du deine Wut nicht ausdrücken kannst, wirst du auch niemals wissen, wie du deine Liebe ausdrücken kannst. Ein Mann, der nicht wütend werden kann, kann auch nicht liebevoll sein, denn er muss seinen Ärger so sehr unterdrücken, dass er unfähig wird, irgendetwas anderes auszudrücken – denn in deinem Inneren ist alles miteinander verbunden, es ist nicht getrennt. Es gibt keine wasserdichten Abtrennungen zwischen Wut und Liebe; sie sind eins, sind miteinander vermischt. Es ist dieselbe Energie. Wenn du die Wut unterdrückst, musst du auch die Liebe unterdrücken. Wenn du die Liebe ausdrückst, wirst du überrascht sein – die Wut taucht mit auf. Entweder muss man alles unterdrücken oder alles muss ausgedrückt werden. Diese Besonderheit der inneren organischen Einheit muss man verstehen. Man kann nur entweder alles ausdrücken oder alles unterdrücken. Man hat nicht die Wahl, die Wut zu unterdrücken und die Liebe auszudrücken; dann ist die Liebe falsch, denn sie wird kein Feuer haben, die Qualität der Wärme wird ihr fehlen. Sie ist dann nur eine Gewohnheit, ein oberflächliches Phänomen, und du wirst immer Angst haben, dich tiefer darauf einzulassen.

Die Menschen tun immer nur so, als würden sie lieben, weil es von ihnen erwartet wird. Sie lieben ihre Kinder, sie lieben ihre Frau oder ihren Mann, sie lieben ihre Freunde, weil es von ihnen erwartet wird. Sie tun bestimmte Dinge, weil es von ihnen erwartet wird. Sie tun diese Dinge, als wären es Pflichten, ohne Freude. Du kommst nach Hause und tätschelst dein Kind, weil das erwartet wird, weil man das einfach macht, aber es ist keine Freude darin – es ist kalt, es ist tot. Und das Kind wird dir das niemals vergeben, weil ein kaltes Tätscheln hässlich ist. Das Kind ist dabei verlegen, und du bist verlegen.

Du vollziehst mit deiner Frau den Liebesakt, doch du gehst dabei niemals sehr tief. Er kann dich wirklich weit hinaustragen, er kann dich in die letzte Seligkeit tragen, du kannst dich darin auflösen. Doch wenn du deine Wut niemals zulässt und dich in deiner Wut niemals aufgelöst hast, wie kannst du dann zulassen, dass die Liebe dich auflöst? Und es ist schon oft passiert – ihr würdet euch wundern, wie oft –, dass ein Mann seine Frau umgebracht hat, weil er seine Liebe zuließ und plötzlich gleichzeitig damit die Wut hochkam. Es ist eine bekannte Tatsache, dass schon häufig ein Mann bei der Liebe die Frau einfach umgebracht hat, sie erstickt hat. Und er war kein Mörder; die Gesellschaft ist dafür verantwortlich. Er hat sich einfach zu weit vorgewagt und ist zu tief in die Liebe eingetaucht. Wenn du zu tief gehst, wirst du wild, weil deine ganze Zivilisation nur an der Oberfläche besteht. Dann taucht die Wut auf, dann taucht alles auf, was in dir verborgen war, und du wirst dabei fast wahnsinnig.

Um diesen Wahnsinn zu vermeiden, vollzieht ihr die Liebe nur sehr oberflächlich. Es ist niemals etwas Gewaltiges. Die Leute haben Recht, wenn sie sagen, es sei eigentlich nur wie ein Niesen: Es löst Spannungen auf, es zieht dir eine gewisse Energie ab, die dich anfing zu belasten. Aber das ist nicht der wahre Charakter der Liebe. Liebe muss Ekstase sein – nicht wie ein Niesen, nicht einfach nur eine Erleichterung, sondern eine Befreiung, eine Erkenntnis. Wenn du Liebe nicht als Befreiung kennst, als Ekstase, als *Samadhi*, kennst du die Liebe nicht. Doch das ist nur möglich, wenn du nicht pseudo bist, wenn du in allem authentisch bist – wenn du die Wut zulässt, wenn du das Lachen zulässt, wenn du die Tränen zulässt, wenn du einfach alles zulässt. Wenn du niemals etwas verhindert hast, wenn du niemals etwas zurückgehalten hast, wenn du niemals etwas kontrolliert hast – wenn du ein Leben ohne Kontrolle gelebt hast. Und denkt daran, damit meine ich nicht Zügellosigkeit. Ein Leben ohne Kontrolle kann von großer Disziplin sein, doch die Disziplin kommt nicht von außen. Sie ist nicht eine übernommene Einstellung. Die Disziplin kommt aus deiner eigenen inneren Erfahrung. Sie kommt aus der Begegnung mit all den Möglichkeiten deines Wesens. Sie entsteht, indem du alle

Aspekte erfährst, alle Dimensionen erforschst. Sie entsteht aus dem Verstehen. Du warst in Wut und du hast etwas darin verstanden – dieses Verstehen bringt Disziplin. Das ist nicht Kontrolle. Kontrolle ist hässlich, Disziplin ist wunderbar.

Das Wort Disziplin bedeutet im Grunde die Fähigkeit zu lernen. Es bedeutet nicht Kontrolle, es bedeutet Lernfähigkeit. Ein disziplinierter Mensch ist jemand, der durch die Erfahrungen seines Lebens lernt, der sich auf alles einlässt, ohne Angst zu haben – der Dinge riskiert, der forscht und sich auf Abenteuer einlässt, der immer bereit ist, in die dunkle Nacht des Unbekannten aufzubrechen, der sich nicht am Bekannten festhält und immer bereit ist, Fehler zu machen, der immer bereit ist, in einen Graben zu fallen und von anderen ausgelacht zu werden. Nur Menschen, die mutig genug sind, sich als Narren bezeichnen zu lassen, können leben und lieben und wissen und sein.

Ein disziplinierter Mensch ist jemand, der durch die Erfahrungen seines Lebens lernt, der sich auf alles einlässt, ohne Angst zu haben – der Dinge riskiert, der forscht und sich auf Abenteuer einlässt, der immer bereit ist, in die dunkle Nacht des Unbekannten aufzubrechen.

Reife kommt, indem man das Leben mehr und mehr und tiefer und tiefer erfährt, nicht indem man das Leben vermeidet. Wenn du das Leben vermeidest, bleibst du kindisch.

Noch etwas: Wenn ich sage, sei wie ein Kind, meine ich damit nicht, dass du kindisch sein sollst. Ob du nun jung oder alt bist, wenn du kindisch bist, zeigt das einfach nur, dass du nicht erwachsen geworden bist. Wie ein Kind zu sein ist dagegen ein völlig anderes Phänomen. Was bedeutet es? Erstens, ein Kind ist immer total – was immer ein Kind macht, es ist dabei immer vollständig absorbiert, es ist nicht nur halbherzig dabei. Wenn es am Strand Muscheln sammelt, verschwindet alles andere einfach aus seinem Bewusstsein, alles, was es interessiert, sind dann die Muscheln und der Strand. Es ist davon absorbiert, vollkommen darin versunken. Diese Qualität des Absoluten ist eine der fundamentalen Voraussetzungen dafür, wie ein Kind zu sein. Es ist Konzentration, es ist Intensität, es ist Ganzheit.

Und das Zweite: Ein Kind ist unschuldig. Es lebt in einem Zustand des Nichtwissens. Es agiert nie aus einem Zustand des Wissens heraus, denn es hat kein Wissen. Ihr dagegen agiert immer aus dem Wissen heraus. Wissen bedeutet Vergangenheit, Wissen ist gleichbedeutend mit dem Alten und Bekannten, Wissen ist das, was ihr angesammelt habt. Doch jede Situation ist neu, und kein Wissen lässt sich darauf anwenden. Ich spreche dabei nicht von Ingenieurwesen oder Technologie – dabei ist die Vergangenheit anwendbar, denn eine Maschine ist eine Maschine. Doch wenn du dich in einer menschlichen Umgebung aufhältst, wenn du mit lebendigen Wesen kommunizierst, ist keine Situation eine Wiederholung. Jede Situation ist einzigartig. Wenn du dich darin richtig verhalten willst, musst du aus einem Zustand des Nichtwissens kommen, wie ein Kind. Bringe nicht dein Wissen ein, vergiss alles Wissen. Reagiere auf das Neue als Neues, reagiere nicht auf das Neue aus dem Alten heraus. Wenn du aus dem Alten heraus reagierst, wirst du die Situation verpassen: Es wird keine Brücke geben zwischen dir und dem, was um dich herum geschieht. Du wirst immer zu spät dran sein, du wirst immer den Zug verpassen.

Reagiere auf das Neue als Neues, reagiere nicht auf das Neue aus dem Alten heraus. Wenn du aus dem Alten heraus reagierst, wirst du die Situation verpassen: Es wird keine Brücke geben zwischen dir und dem, was um dich herum geschieht. Du wirst immer zu spät dran sein, du wirst immer den Zug verpassen.

Viele Menschen träumen immer wieder von einem Zug, den sie verpassen. Im Traum rennen sie und versuchen die Haltestelle zu erreichen, und in dem Moment, in dem sie ankommen, ist der Zug gerade abgefahren. Dieser Traum taucht wieder und wieder bei Millionen von Menschen auf, es ist einer der häufigsten Träume. Warum taucht dieser Traum wieder und wieder bei Millionen von Menschen auf? Sie verpassen das Leben. Sie sind immer zu spät dran. Immer besteht eine Lücke. Sie versuchen es, doch die Brücke wird niemals geschlagen. Sie können nicht kommunizieren, sie können sich nicht verbinden, etwas hindert sie daran. Was ist es? Es ist das Wissen, das sie hindert.

Ich lehre euch Unwissenheit. Und wenn ich sage, seid wie die Kinder, meine ich damit, bleibt immer am Lernen, werdet niemals wissend. Wissen ist ein totes Phänomen, Lernen ist ein lebendiger Prozess. Und der Lernende muss daran denken, dass er nicht vom Standpunkt des Wissens aus funktionieren kann.

Habt ihr das noch nicht beobachtet? Kleine Kinder lernen sehr schnell. Wenn ein Kind in einer mehrsprachigen Umgebung aufwächst, lernt es alle diese Sprachen. Es lernt die Sprache, die die Mutter spricht, die der Vater spricht, die die Nachbarn sprechen – es kann drei, vier, fünf Sprachen lernen, ganz leicht, ohne Probleme. Doch wenn man erst einmal eine Sprache gelernt hat, wird es sehr schwierig, eine weitere Sprache zu lernen, denn nun beginnt man, vom Standpunkt des Wissens aus zu operieren.

Es heißt, einem alten Hund kann man keine neuen Kunststücke mehr beibringen. Das stimmt. Doch was macht einen Hund alt? Nicht das physische Alter, denn ein Sokrates lernt bis zum Ende, sogar noch, während er stirbt. Ein Buddha lernt bis zum Ende. Was also macht einen Hund alt? Wissen macht einen Hund alt.

Buddha bleibt jung, Krishna bleibt jung. Es gibt keine einzige Statue von Buddha oder Krishna, die sie alt zeigt. Nicht, weil sie niemals alt wurden! Krishna wurde achtzig Jahre alt, wurde sehr alt, doch etwas in ihm blieb immer jung, blieb immer kindlich. Er hörte niemals auf, vom Standpunkt des Nichtwissens aus zu funktionieren.

Wenn ich sage, seid wie die Kinder, meine ich also erstens, seid total. Und zweitens meine ich damit, bleibt Lernende, agiert vom Standpunkt des Nichtwissens aus. Das ist Unschuld: Aus dem Nichtwissen zu leben ist Unschuld.

Und das Dritte und Letzte: Ein Kind besitzt eine natürliche Qualität des Vertrauens; anders könnte es nicht überleben. Wenn das Kind geboren wird, vertraut es der Mutter, vertraut es der Milch, vertraut es darauf, dass die Milch es nähren wird, vertraut es darauf, dass alles in Ordnung ist. Sein Vertrauen ist absolut, es hat keinen Zweifel an irgendetwas. Es fürchtet sich vor nichts. Sein Vertrauen ist so groß, dass es der Mutter Angst macht – denn das Kind könnte hingehen und mit einer Schlange spielen. Sein Vertrauen ist so groß, dass es seine Hand ins Feuer steckt. Sein Vertrauen ist unendlich – es kennt keine Angst, es kennt keinen Zweifel. Das ist die dritte Qualität.

Wenn du weißt, was Vertrauen ist, wenn du wieder Vertrauen lernen kannst, nur dann wirst du erkennen, was Göttlichkeit ist, denn nur dann wirst du realisieren, was Wahrheit ist. Das ist etwas, was man verstehen muss.

Wissenschaft beruht auf Zweifel – aus diesem Grund wurde eure ganze Erziehung und Ausbildung zu einer Erziehung zum Zweifel. Wissenschaft beruht auf Zweifel, sie kommt ohne Zweifel nicht weiter. Religiosität beruht auf Vertrauen, sie kann ohne Vertrauen nicht existieren. Das sind zwei diametral entgegengesetzte Richtungen.

Wenn du an eine wissenschaftliche Arbeit mit Vertrauen herangehst, dann übersiehst du den springenden Punkt. Du wirst nichts herausfinden, du wirst nicht in der Lage sein, etwas zu entdecken. Zweifel ist die Methode, die hier angewandt wird. Man muss zweifeln und zweifeln und zweifeln; man muss so lange zweifeln, bis man etwas findet, was nicht mehr angezweifelt werden kann, was unbezweifelbar ist. Nur dann kann man es akzeptieren – doch immer noch mit einem Körnchen Zweifel, weil morgen vielleicht neue Fakten auftauchen und das Ganze wieder infrage stellen. Daher gilt es nur vorläufig … Die Wissenschaft kommt niemals zu einer endgültigen Wahrheit, sondern immer nur zu einer vorläufigen, angenäherten Wahrheit. Alles wird nur vorläufig als Wahrheit akzeptiert, denn wer weiß – morgen finden Forscher vielleicht neue Fakten, neue Tatsachen. Daher stellt die Wissenschaft nur Hypothesen auf, versuchsweise, willkürlich. Was Newton entdeckt hatte, wurde von Albert Einstein widerlegt, und was dieser entdeckt hat, wird von jemand anderem widerlegt werden. In der Wissenschaft zählt der Zweifel zur Methode. Vertrauen wird nicht gebraucht. Man vertraut nur, wenn es keine Möglichkeit für Zweifel mehr gibt – und das nur versuchsweise, vorläufig, aus einer Art Hilflosigkeit heraus. Denn was kann man schon machen –

es ist kein Zweifel mehr möglich. Man hat die Frage von allen Seiten betrachtet, und alle Zweifel sind aufgelöst, und eine Art von Gewissheit ist entstanden.

Religion ist eine diametral entgegengesetzte Dimension. So wie in der Wissenschaft der Zweifel die Methode ist, so ist in der Religion das Vertrauen die Methode. Was bedeutet Vertrauen? Es bedeutet, dass wir nicht von der Existenz getrennt sind, dass wir ein Teil davon sind, dass dies unsere Heimat ist. Dass wir dazugehören, dass sie uns gehört, dass wir nicht heimatlos sind, dass das Universum ein mütterliches Universum ist. Wir verhalten uns dem Universum gegenüber wie Kinder, so wie das Kind vertraut, dass die Mutter kommt und für es sorgt, wenn es ein Bedürfnis hat. Wenn es hungrig ist, kommt die Mutter und füttert es, wenn ihm kalt ist, kommt die Mutter und nimmt es in den Arm und gibt ihm Wärme, Liebe, Fürsorge. Das Kind vertraut. Alles, was es tun muss, wenn es irgendein Bedürfnis hat, ist, zu schreien und die Aufmerksamkeit der Mutter zu erregen, sodass sie zu ihm kommt. Religion sagt, das Universum ist Mutter und Vater für uns. Jesus nannte Gott »Abba«, was eigentlich weit besser ist als Vater. Vater ist ein förmliches Wort, Abba ist viel vertrauter. Wenn man Abba richtig übersetzen wollte, hieße es eher Papa als Vater. Aber Gott Papa zu nennen würde leicht absurd wirken; die Kirche würde das nicht zulassen. Die Kirche würde sagen, dass das nicht recht sei. Doch Jesus nannte ihn gewöhnlich Abba, also Papa.

So wie in der Wissenschaft der Zweifel die Methode ist, so ist in der Religion das Vertrauen die Methode. Was bedeutet Vertrauen? Es bedeutet, dass wir nicht von der Existenz getrennt sind, dass wir ein Teil davon sind, dass dies unsere Heimat ist.

Tatsächlich sollte ein Gebet nicht förmlich sein. »Vater« wirkt sehr weit weg. Wenn wir Gott Vater nennen, gibt es uns das Gefühl, dass er sehr weit entfernt ist, irgendwo weit weg von uns, im Himmel. Papa fühlt sich näher an – man kann ihn berühren, er ist greifbar, man kann mit ihm sprechen. Bei einem Gottvater, der irgendwo weit oben im Himmel sitzt, kann man schreien und trotzdem nicht sicher sein, ob man ihn wirklich erreicht.

Religion ist ein kindlicher Zugang zur Existenz: Die Welt wird zur Mutter oder zum Vater. Du bist nicht im Kampf mit der Natur, du kämpfst nicht gegen sie. Es gibt keinen Kampf, es gibt eine enge Zusammenarbeit. Jeder Kampf erschiene dumm und absurd.

Zweifel wirkt nicht bei religiöser Erfahrung, so wie Vertrauen bei wissenschaftlicher Forschung nicht wirkt. Wissenschaft bedeutet die Erforschung des Äußeren, und Religion bedeutet die Erforschung des Inneren. Wissenschaft ist die Religion der Dinge, Religion ist die Wissenschaft des Seins. So wie man eine Blume nicht mit den Ohren sehen kann – so empfindsam deine Ohren auch sein mögen, so musikalisch sie auch sein mögen, so kannst du damit doch keine Blume sehen. Die Ohren können nur Klänge wahrnehmen, sie haben ihre Grenzen. Wenn du die Farben, das Licht, die Form wahrnehmen willst, so musst du dazu die Augen benutzen. Augen sind wunderbar, doch auch sie haben ihre Grenzen – du kannst damit keine Musik hören. Selbst die wundervollste Musik kann nicht über die Augen wahrgenommen werden. Die Augen sind taub, man muss schon mit den Ohren hören.

Zweifel ist das Tor zu den Dingen. Vertrauen ist das Tor zum Sein. Nur durch Vertrauen wird Göttlichkeit erkannt.

Und denkt daran, dass der Irrtum in beide Richtungen gilt. Die so genannten religiösen Menschen haben die Wissenschaft bekämpft, die Kirche hat die Wissenschaft bekämpft. Das war ein dummer Kampf, denn die Kirche wollte, dass die Wissenschaft sich auf Vertrauen gründet. Und nun rächt sich die Wissenschaft – nun will die Wissenschaft, dass die Religion sich ebenfalls auf Zweifel gründet, auf Skeptizismus, auf Logik. Der Mensch ist so dumm, dass er denselben Fehler wieder und wieder begeht. Im Mittelalter war es die Kirche, die dumm war; nun begehen Menschen, die sich für wissenschaftlich halten, erneut dieselbe Dummheit.

Ein Mensch, der das verstanden hat, wird begreifen, dass der Zweifel seine eigene Welt hat. Man kann Zweifel als Methode verwenden, doch er hat seine Grenzen. Und so hat auch das Vertrauen seine eigene Welt, und auch das Vertrauen hat seine Grenzen. Es besteht keine Notwendigkeit, Vertrauen einzusetzen, um die Welt der Dinge kennen zu lernen, und es gibt keine Veranlassung, mit Zweifel an die innere Welt heranzugehen; damit würde man nur ein Durcheinander produzieren. Wenn Vertrauen für wissenschaftliche Forschung eingesetzt würde, wäre Wissenschaft überhaupt nie entstanden. Das ist der Grund, warum im Osten die Wissenschaft sehr primitiv geblieben ist.

Ich kenne indische Wissenschaftler – selbst wenn sie all die Erziehung genossen haben, die der Westen ermöglicht, wenn sie Preise gewonnen haben, sogar wenn sie den Nobelpreis gewonnen haben, so bleiben sie doch irgendwo tief im Innern unwissenschaftlich, abergläubisch. Sie werden weiter versuchen, auf irgendeine Weise – ob sie es nun wissen oder nicht, bewusst oder unbewusst – mit Vertrauen an die äußere Welt heranzugehen. Und selbst der religiöseste Mensch im Westen bleibt irgendwo tief im Innern ein Zweifler. Der Westen hat die Möglichkeiten des Zweifelns erforscht, und der Osten hat die Möglichkeiten des Vertrauens erforscht.

Man muss beides einsetzen. Und den nenne ich einen weisen Menschen, der beides verwenden kann. Wenn er in einem Labor arbeitet, benutzt er Zweifel, Skeptizismus, Logik; wenn er in seinem Gotteshaus betet und meditiert, verwendet er Vertrauen. Und er ist frei – er ist weder vom Vertrauen noch vom Zweifel gefangen.

Lasst euch nicht von euren Ohren oder euren Augen gefangen nehmen, sonst werdet ihr arm bleiben. Ihr besitzt beides! Wenn ihr sehen wollt, dann verwendet die Augen, und wenn ihr hören wollt, schließt die Augen. Es ist kein Zufall, dass die Menschen ihre Augen schließen, wenn sie Musik hören. Wenn man wirklich weiß, wie man Musik hört, schließt man die Augen, weil sie nicht mehr benötigt werden.

So ist es auch mit Zweifel und Vertrauen. Vertrauen ist die Qualität des Kindes. Diese drei Qualitäten – die Fähigkeit, total zu sein, die Fähigkeit, trotz Wissen unwissend zu bleiben, und die Qualität des Vertrauens –, das meine ich mit »wie ein Kind sein«.

❧

Jedes Kind muss die Erlaubnis haben, kindlich zu sein, so wie jedem Erwachsenen erlaubt sein muss, erwachsen zu sein, doch der Erwachsene kann auch die Qualitäten eines Kindes besitzen. Kindisches wird nicht gebraucht, es braucht keine Wutanfälle und es braucht keine Sentimentalität – doch Reife lässt sich ganz wunderbar damit verbinden, wie ein Kind zu sein.

❧

Kindisch zu sein ist eine Art sentimentaler emotionaler Zustand. Darum geht es nicht. Jedes Kind muss die Erlaubnis haben, kindlich zu sein, so wie jedem Erwachsenen erlaubt sein muss, erwachsen zu sein, doch der Erwachsene kann auch die Qualitäten eines Kindes besitzen.

Kindisches wird nicht gebraucht, es braucht keine Wutanfälle und es braucht keine Sentimentalität – doch Reife lässt sich ganz wunderbar damit verbinden, wie ein Kind zu sein. Es gibt da keine Widersprüche. Tatsächlich kann man nur reif werden, wenn man wie ein Kind ist.

Doch wenn deine Kindlichkeit unerfüllt ist, musst du sie erst zulassen. Lass sie auftauchen und lass sie sich erfüllen – je früher, desto besser, sonst wird sie bis zum Ende an dir hängen bleiben. Gib ihr Ausdruck, und sie wird sich auflösen. Sobald sie zugelassen wird, bekommt sie ihre Zeit und kann dann gehen; und sie wird dich erfüllt zurücklassen. Es ist besser, dich jetzt gleich darauf einzulassen, als es weiter aufzuschieben – denn je mehr du es aufschiebst, desto schwieriger wird es –, doch dann wirst du feststellen, dass eine reine kindliche Qualität auftaucht. Alles Kindische dagegen verschwindet. Es wird nur zeitweise auftauchen, dann wird es verschwinden, und dein inneres Kind wird frisch und jung sein. Und wenn du dieses Kind wieder gefunden hast, wirst du beginnen zu wachsen. Dann kannst du reif werden. Du kannst nicht reif werden mit all den Lügen, die du mit dir herumschleppst. Du kannst nur reif werden, wenn du wahrhaftig wirst, wenn du wahr wirst.

Von der Sexualität zur Sinnlichkeit

Ist es wirklich möglich, Sex loszulassen, indem man durch ihn hindurchgeht? Es scheint, als würden mein Verstand und mein Körper niemals aufhören, danach zu verlangen.

Aber warum bist du denn so in Eile, Sex loszulassen? Wenn du so in Eile bist, ihn loszulassen, wirst du ihn nie loswerden. Gerade diese Eile, gerade dieser Versuch, ihn loszuwerden, werden verhindern, dass du ihn vollkommen verstehst. Wie kannst du etwas verstehen, von dem du bereits entschieden hast, dass es falsch ist, dass man es loslassen muss? Du hast bereits ein Urteil gefällt, du hast nicht zugehört! Gib deiner Sexualität eine Chance.

Ich habe gehört, dass Mulla Nasruddin zum Friedensrichter gemacht wurde. Der erste Fall kam vor Gericht und er hörte sich die erste Partei an. Danach sagte er: »Jetzt hört mein Urteil.« Der Gerichtsdiener war verwirrt, denn er hatte ja die Gegenpartei noch gar nicht gehört.

Er näherte sich Nasruddin und sagte: »Was machen Sie, mein Herr? Das Urteil? Sie haben die Gegenpartei doch noch nicht gehört!«

Nasruddin erwiderte: »Was meinen Sie damit, die Gegenpartei? Wollen Sie mich verwirren? Jetzt sind die Dinge doch klar! Aber wenn ich mir die andere Partei auch noch anhöre, werde ich bloß verwirrt. Dann ist es sehr schwierig, ein Urteil abzugeben.«

Aber ist es dann wirklich ein Urteil? Du hast doch die Gegenpartei noch gar nicht gehört. Du hast nur auf eure so genannten Heiligen aus all den Jahrhunderten gehört – und sie sind sehr laut. Ihre ganze Sexualenergie hat sich in ihre Argumentation gegen Sexualität verwandelt – und du hast sie gehört. Du hast deiner eigenen Sexualität noch gar keine Chance gegeben, für sich auszusagen. Und das ist nicht recht, du urteilst vorschnell. Warum? Wer weiß? Es mag noch nicht an der Zeit sein, sie loszulassen. Und dann? ... Wer weiß? Vielleicht ist es richtig, sie weiter mit dir herumzutragen. Bleibe offen. Ich sage nichts anderes, als dass du offen bleiben sollst. Meditiere tief. Auch bei der Liebe – lass Meditation Teil deines Liebesakts werden. Beobachte! Und vergiss all die Vorurteile, mit denen du erzogen wurdest – all diese Konditionierungen gegen Sex verstärken in dir nur immer mehr das Verlangen nach Sexualität, und dann denkst du, dass Sexualität ein Problem für dich sei. Es ist nicht die sexuelle Energie an sich, die das Problem darstellt. Es ist der antisexuelle Verstand, der zu Perversionen führt.

Alle Religionen waren Quellen der Perversion. Wenn ich von allen Religionen spreche, meine ich nicht Buddha, meine ich nicht Mahavir, meine ich nicht Krishna, meine ich nicht Christus oder Mohammed; ich meine ihre Anhänger. Sie waren die Quelle, eine starke Quelle. Und was geschah wirklich? Sie beobachteten Buddha und stellten fest, dass die Sexualität verschwunden war; also machten sie es zu einer Vorschrift, dass Sexualität verschwinden muss. Du kannst nur dann ein Buddha werden, wenn die Sexualität verschwindet – sie machten eine Vorschrift daraus, eine Regel. Doch das bedeutet, die Dinge nicht in der richtigen Reihenfolge zu sehen. Die Sexualität ist verschwunden, weil Buddha zu seiner inneren Quelle gefunden hat, nicht andersherum. Er hat nicht zuerst die Sexualität aufgegeben und ist aus diesem Grund ein Buddha geworden – sondern er ist ein Buddha geworden und deshalb ist die Sexualität verschwunden. Doch die Menschen beobachteten Buddha von außen und sahen, dass die Sexualität verschwunden war – also gib Sex auf, wenn du ein Buddha werden möchtest. Buddha war nicht interessiert an Geld, also dachten sie: »Wenn du ein Buddha werden möchtest, musst du dein Interesse am Geld aufgeben.«

Aber das ist der falsche Weg! Man hat dabei nicht etwa die Ursache herausgefunden, sondern die Wirkung mit der Ursache verwechselt. Die Ursache liegt in der Buddhaschaft selbst. Ein Buddha ist zu seinem inneren Wesen erwacht. Wenn jemand zu seinem inneren Wesen erwacht, ist er so voller Seligkeit, dass Sex ihm nichts mehr bedeutet. Wer würde da noch andere um kleine Augenblicke der Lust angehen? Wer würde da noch betteln? Wenn du der Kaiser bist und den Schatz besitzt, den unendlichen

Schatz in dir selbst, wirst du nicht eine andere Frau, einen anderen Mann darum bitten, dir ein paar Augenblicke des Vergnügens zu schenken. Und du weißt, dass sie bettelt und du bettelst – beide sind Bettler, die mit ihren Bettelschalen voreinander stehen: »Gib mir ein paar Augenblicke der Lust, dann werde ich dir ebenfalls ein paar Augenblicke der Lust schenken.« Doch beide sind Bettler! Wie können Bettler anderen etwas geben?

Aber ich sage nicht, dass etwas falsch daran ist. Solange du nicht zum Buddha geworden bist, werden all diese Dinge weitergehen – daran ist nichts falsch. Urteile nicht darüber – das *Urteilen* ist falsch. Gehe einfach aufmerksamer, positiver und entspannter mit deinen Energien um. Sonst bekommst du dieselben Probleme damit, wie die christlichen Heiligen sie die ganzen Jahrhunderte hindurch hatten.

❧

Solange du nicht zum Buddha geworden bist, werden all diese Dinge weitergehen – daran ist nichts falsch. Urteile nicht darüber – das »Urteilen« ist falsch. Gehe einfach aufmerksamer, positiver und entspannter mit deinen Energien um.

❧

Ich habe von Hieronymus gehört, einem berühmten christlichen Heiligen. Er war so sehr gegen den Körper, dass er sich jeden Tag auspeitschte. Blut floss von seinem Körper, und Tausende von Menschen kamen, um seine Askese zu bewundern. Aber beides ist krank: Hieronymus ist ein Masochist, und die Leute, die kommen, um dieses Phänomen zu bestaunen, sind Sadisten. Sie wollen Menschen quälen, sie haben ein Verlangen danach, andere zu quälen, doch sie dürfen es nicht – und dieser Mann macht es selbst, und sie sind glücklich, wenn sie ihm zusehen können. Beides ist pathologisch.

Hieronymus verurteilte den Körper und bezeichnete ihn als »schmutzig«, als einen »Sack voller Exkremente«. Er wurde in seiner Höhle von Visionen schöner Frauen gequält. Er erlaubte die Ehe, doch nur sehr widerwillig – schließlich war es die einzige Möglichkeit, Jungfrauen zu zeugen. Der einzige Grund für die Ehe war, Jungfrauen zu zeugen, die vollkommensten Wesen auf Erden. Sex ist also ein notwendiges Übel, und nur aus diesem Grund erlaubte er die Ehe; sonst ist es eine Sünde.

Ein anderer Mann, Clemens von Alexandria, schrieb: »Jede Frau sollte von Scham überwältigt sein bei dem Gedanken, dass sie eine Frau ist – denn sie ist das Tor zur Hölle.«

Ich habe mich immer über diese Leute gewundert. Wenn die Frau das Tor zur Hölle ist, kann eine Frau nicht in die Hölle kommen – das Tor kann nicht sich selbst betreten. Der Mann kann durch die Frau zur Hölle gehen, okay – aber was ist mit den Frauen? Sie müssen natürlich alle im Himmel sein! Und was ist mit den Männern? Wenn die Frau das Tor zur Hölle ist, was ist dann mit dem Mann? Denn diese Schriften stammen alle von Männern, und alle diese Heiligen waren Männer.

Tatsächlich waren Frauen niemals so neurotisch; deshalb gibt es nicht so viele weibliche Heilige. Sie waren normaler, sie waren mehr mit der Erde verbunden. Sie waren nicht so töricht wie die Männer. Sie sind anmutiger und runder in ihrem Wesen, mehr mit der Erde verwurzelt, zentrierter. Daher gibt es nicht viele Frauen, die so gewesen wären wie Clemens von Alexandria – tatsächlich findet sich keine entsprechende Frau. Keine Frau hat jemals gesagt, dass der Mann das Tor zur Hölle sei.

Und es ist nicht so, dass Frauen keine Mystikerinnen waren. Nein, da gab es Meera und Rabiya und Lalla in

Kaschmir – aber sie haben niemals so etwas gesagt. Im Gegenteil, Meera sagte, dass Liebe das Tor zu Gott sei.

Und ein anderer Heiliger, Origenes, kastrierte sich selbst – alles nur Mörder und Selbstmörder! All diese Unterdrückung sorgte für viel Pathologie in der christlichen Welt. Eine Nonne, Mathilde von Magdeburg, fühlte Gottes Hand auf ihrem Busen. Warum sollte sich Gott solche Mühe machen? Doch wenn man Männer meidet, fängt man an, Fantasien zu entwickeln. Und dann fängt man an, etwas in diese Fantasien hineinzuinterpretieren. Eine andere Nonne, Christine Ebner, dachte, sie sei schwanger mit einem Kind von Jesus. Es gab Mönche, die davon träumten, mit der Jungfrau Maria zu kopulieren. Und wegen der starken Unterdrückung wurden die Konvente und Klöster zu Heimstätten von so genannten bösen Geistern. Diese Dämonen nahmen die Form von Sukkuben an, hübschen Mädchen, die ins Bett der Möchtegernheiligen schlüpften, oder von Inkuben, attraktiven Jünglingen, die den Schlaf oder die Meditation der Nonnen störten. So viel Pathologisches tauchte im Christentum auf, dass die Leute von allen möglichen Dingen zu träumen begannen. Und viele Nonnen gestanden vor Gericht, dass der Teufel nachts zu ihnen kam und mit ihnen den Geschlechtsakt vollzog. Sie beschrieben sogar die Anatomie des Teufels, welche Form sein Sexualorgan hat – gegabelt, sodass es in beide Öffnungen gleichzeitig eindringen kann.

Das ist pathologisch, das sind kranke Leute, die vollkommen neurotisch geworden sind! Und diese Nonnen gestanden vor Gericht, dass kein Mann eine Frau jemals mehr zufrieden stellen kann, wenn sie erst einmal mit dem Teufel geschlafen hat – er ist der beste Liebhaber, er schenkt so wunderbare Orgasmen. Und solcher Unsinn geschah nicht nur im Christentum, er passierte überall auf der ganzen Welt. Doch das Christentum hat es auf die Spitze getrieben.

Bitte sei nicht gegen Sex, sonst wirst du mehr und mehr in die Falle der Sexualität geraten. Wenn man die Sexualität loswerden will, wird man sie niemals los. Ja, es gibt einen Punkt von Transzendenz, an dem die Sexualität verschwindet – doch es ist nicht so, dass man dann dagegen ist. Sie verschwindet einfach, wenn man die Quelle größeren Segens in seinem Inneren gefunden hat, aber niemals zuvor. Zuerst muss man das Höhere finden, dann verschwindet das Niedrigere von selbst.

Lass das eine fundamentale Regel in deinem Leben sein – richte dich niemals gegen das Niedrigere, sondern suche nach dem Höheren. Sei *niemals* gegen das Niedrigere, sondern suche nach dem Höheren, und in dem Augenblick, in dem das Höhere dir aufgeht, wirst du plötzlich feststellen, dass das Interesse am Niedrigeren verschwunden ist.

❧

Wenn man die Sexualität loswerden will, wird man sie niemals los. Ja, es gibt einen Punkt von Transzendenz, an dem die Sexualität verschwindet – doch es ist nicht so, dass man dann dagegen ist. Sie verschwindet einfach, wenn man die Quelle größeren Segens in seinem Inneren gefunden hat, aber niemals zuvor.

❧

Du fragst: »Ist es möglich, wirklich möglich, Sex loszulassen, indem man durch ihn hindurchgeht?«

Das ist es nicht, was ich sage. Ich sage, wenn du hindurchgehst, wirst du in der Lage sein, ihn zu verstehen. Verstehen ist Freiheit, Verstehen befreit.

Ich bin nicht gegen Sex, also seid nicht so in Eile, ihn loszuwerden. Wenn ihr ihn loswerden wollt, wie könnt ihr ihn da verstehen? Und wenn ihr ihn nicht versteht, wird er niemals verschwinden! Und auch wenn er verschwindet, ist es nicht so, dass er einfach von euch abgeschnitten wäre, dass ihr ein nichtsexuelles Wesen werdet. Wenn die Sexualität verschwindet, werdet ihr tatsächlich sinnlicher sein als jemals zuvor, denn die gesamte Energie wird von eurem Wesen aufgenommen.

Ein Buddha ist sinnlicher als du. Wenn er riecht, riecht er intensiver als du. Wenn er berührt, berührt er vollkommener als du. Wenn er eine Blume betrachtet, ist sie für ihn schöner als für dich – weil seine sexuelle Energie sich über alle seine Sinne ausgebreitet hat. Sie ist nicht mehr nur in den Genitalien lokalisiert, sie hat sich auf den gesamten Körper ausgedehnt. Daher ist ein Buddha so schön. Seine Anmut – diese überirdische Anmut –, woher kommt sie? Es ist Sexualität – transformiert, verwandelt. Es ist derselbe Schlamm, den du verurteilt und verdammt hast, der zu einer Lotosblume geworden ist.

Seid also niemals gegen die Sexualität, denn sie wird zu eurer Lotosblume werden. Und wenn die Sexualität wirklich umgewandelt ist, werdet ihr verstehen, welch großes Geschenk Gottes sie war. Sie ist euer ganzes Leben, sie ist eure ganze Energie. Auf den niedrigen oder auf den höheren Ebenen – sie ist die einzige Energie, die ihr habt. Seid also nicht gegen sie, sonst werdet ihr sie nur unterdrücken. Und wer sie unterdrückt, kann sie nicht verstehen. Und wer sie nicht versteht, wird sie niemals verwandeln, wird sie niemals transformieren.

Eine Reise, die nie zu Ende ist

Dein Bewusstsein ist größer als das gesamte Universum. Es ist unendlich unendlich. Du kannst keinen Punkt erreichen, an dem du sagen kannst: »Genug.« Da ist immer mehr und mehr und mehr. Es gibt immer eine Möglichkeit, weiter zu wachsen. Und zu wachsen, zu reifen ist so eine wunderbare Erfahrung, wer würde damit aufhören wollen?

Doch wir werden auf jede nur mögliche Art und Weise begrenzt. Selbst ein großartiger Wissenschaftler wie Albert Einstein nutzte nur fünfzehn Prozent seiner Intelligenz. Was soll man da von gewöhnlichen Leuten sagen? Sie nutzen nie mehr als fünf Prozent.

Stellt euch nur einmal vor, Einstein hätte hundert Prozent seiner Intelligenz nutzen können – er hätte der Welt unvorstellbare Schätze geschenkt.

Und wenn jeder Mensch sein Bewusstsein zu hundert Prozent einsetzen würde, wer würde dann noch in den Himmel gehen und mit all den toten Heiligen, Dodos und Masochisten leben wollen, deren einzige Qualifikation Selbstverstümmelung war – nichts weiter als eine psychische Erkrankung.

Wenn jeder Mensch seine Intelligenz zu hundert Prozent nutzen würde, könnten wir ein Paradies hier auf Erden erschaffen. Es gäbe keinen Grund, irgendwohin zu gehen. Wir könnten den Menschen ein so langes Leben ermöglichen, wie sie es sich vorstellen, und in so gesunder Verfassung, wie sie es sich wünschen. Wir könnten so viel Reichtum erschaffen, dass er wie Luft wäre – niemand müsste ihn horten.

Seine Intelligenz vollkommen einzusetzen ist der Beginn von Reife. Bewusstheit ist nur eine Methode. Zuerst werde dir bewusst, wie viel Intelligenz du einsetzt und ob du überhaupt welche einsetzt. Glaubensvorstellungen und Dogmen sind nicht intelligent. Sie sind eine Entscheidung gegen deine Intelligenz. Bewusstheit ist eine Methode, um zu beobachten, wie viel Intelligenz du einsetzt. Und bei diesem Beobachten wirst du feststellen, dass du nicht viel Intelligenz einsetzt. Es gibt viele Arten, wie Bewusstheit dich wach machen kann. Du kannst sie nutzen.

❧

Wenn jeder Mensch seine Intelligenz zu hundert Prozent nutzen würde, könnten wir ein Paradies hier auf Erden erschaffen. Es gäbe keinen Grund, irgendwohin zu gehen. Wir könnten den Menschen ein so langes Leben ermöglichen, wie sie es sich vorstellen, und in so gesunder Verfassung, wie sie es sich wünschen. Wir könnten so viel Reichtum erschaffen, dass er wie Luft wäre – niemand müsste ihn horten.

❧

Bewusstheit wird dich zu hundertprozentiger Intelligenz führen, wird dich nahezu göttlich machen. Und Bewusstheit hört hier nicht auf. Bewusstheit hilft dir, deine Intelligenz auch voll einzusetzen.

Intelligenz ist euer Weg nach draußen, ist die Straße, die euch mit der Welt verbindet, mit den Objekten. Intelligenz wird euch mehr Wissenschaft geben, mehr Technologie. Tatsächlich braucht der Mensch überhaupt nicht mehr zu arbeiten, wenn wir unsere Intelligenz richtig einsetzen. Maschinen können praktisch alles erledigen. Und ihr braucht nicht mehr euer Kreuz zu tragen, wie es bei Jesus heißt. Das wäre dumm.

Maschinen könnten alles machen, und ihr wärt zum ersten Mal von aller Sklaverei befreit. Im Moment seid ihr nur dem Namen nach frei. Doch ihr müsst immer noch euren Lebensunterhalt verdienen, müsst Geld verdienen für eure Unterkunft, für ein Haus, für Medizin und für andere Dinge.

Also sieht es nur so aus, als wärt ihr unabhängig, aber ihr seid es nicht. Die alte Form der Sklaverei besteht nicht mehr, ihr seid nicht mehr angekettet; aber es gibt unsichtbare Ketten – die Kinder, die alt gewordenen Eltern, die kranke Frau, die Arbeitsstelle.

Der Mensch ist noch nicht wirklich frei. Er arbeitet acht Stunden am Tag und nimmt sich dann noch Akten mit nach Hause. Er arbeitet zu Hause bis spät in die Nacht und arbeitet auch noch an Sonntagen. Und immer noch wächst der Aktenstapel auf seinem Schreibtisch und es scheint kein Ende zu nehmen. Geht nur mal in ein Büro und betrachtet diese Leute und ihre Schreibtische. Könnt ihr sie frei nennen? Denkt nur einmal über euch selbst nach: Seid ihr wirklich frei?

Es gibt nur eine Möglichkeit – Supertechnologie, die alle Arbeit erledigen kann, sodass der Mensch vollständig frei ist und kreativ sein kann. Ihr könnt Gitarre spielen und eure Lieder singen. Ihr könnt malen, ihr könnt bildhauern. Ihr könnt tausend Dinge tun, um diese Erde schöner zu machen. Ihr könnt wunderschöne Gärten gestalten, Teiche anlegen.

❧

Es gibt so viel zu tun, um diese Erde schöner zu machen. Wenn es einen Gott gibt, könnte er sogar neidisch werden und denken, dass es falsch war, Adam und Eva aus dem Paradies zu vertreiben, denn sie machen alles viel besser. Und es wäre nicht überraschend, wenn er eines Tages käme und an eure Tür klopfen und fragen würde: »Darf ich hereinkommen?«

❧

Es gibt so viel zu tun, um diese Erde schöner zu machen. Wenn es einen Gott gibt, könnte er sogar neidisch werden und denken, dass es falsch war, Adam und Eva aus dem Paradies zu vertreiben, denn sie machen alles viel besser. Und es wäre nicht überraschend, wenn er eines Tages käme und an eure Tür klopfen und fragen würde: »Darf ich hereinkommen?«

Bewusstheit wird eure Intelligenz freisetzen, wird euch reif machen. Und dann wird die Reife immer weiter zunehmen.

Normalerweise werdet ihr einfach nur alt, ihr werdet nicht wirklich reif. Alt werden ist eine Sache, reif werden ist eine vollkommen andere Sache. Alle Tiere werden alt, doch kein Tier außer dem Menschen kann reif werden. Alt werden bedeutet einfach, sich dem Tod zu nähern, und das ist keine große Leistung. Reif zu werden bedeutet, dass du das erkennst, was unsterblich ist, was ewig ist, was keinen Anfang und kein Ende hat. Alle Angst verschwindet. Alle Paranoia verschwindet. Ihr seid keine Sterblichen mehr.

Wenn ihr einfach nur alt werdet, seid ihr Sterbliche. Wenn ihr reif werdet, werdet ihr unsterblich. Ihr wisst dann, dass ihr einfach immer wieder die Behausung wechselt. Ihr nehmt zahlreiche Formen an, und jede Form ist besser als die vorangegangene, weil ihr am Wachsen seid, weil ihr reif werdet. Daher verdient ihr immer bessere Formen, immer bessere Körper. Und schließlich kommt ein Augenblick, in dem ihr gar keinen Körper mehr braucht. Ihr seid einfach nur noch reines Bewusstsein, das sich über die gesamte Existenz ausdehnt. Das ist kein Verlust, es ist ein Gewinn.

Ein Tautropfen, der vom Lotosblatt in den Ozean gleitet … Ihr könnt euch vorstellen, dass der arme Tropfen sich jetzt auflöst, dass er seine Identität verliert. Doch ihr könnt es auch von einem anderen Blickwinkel aus betrachten: Der Tropfen ist zum Ozean geworden. Er hat nichts verloren, er ist unermesslich weit geworden. Er ist ozeanisch geworden.

Bewusstheit ist die Methode, mit der ihr zunächst eure Intelligenz wecken könnt, dann euer Wesen; dann kann sie euch helfen, reif zu werden, die Unsterblichkeit in euch zu erkennen und schließlich mit dem Ganzen eins zu werden.

REIFUNG IST EIN FORTWÄHRENDER PROZESS. Es gibt nirgendwo einen Punkt, nicht einmal einen Strichpunkt … es geht weiter und weiter und weiter. Das Universum ist unendlich. So unendlich ist auch die Möglichkeit des Reifens.

Du kannst unermesslich groß werden … Dein Bewusstsein ist nicht auf deinen Körper beschränkt. Es kann sich über die gesamte Existenz ausdehnen, und alle Sterne können sich in dir befinden. Und es gibt keinen Ort, an dem ein Schild steht, das verkündet: »Hier endet das Universum.« Das ist einfach nicht möglich. Es beginnt nirgendwo, es endet nirgendwo.

Und du bist ein Teil davon. Du bist schon immer hier gewesen und du wirst immer hier sein. Nur die Formen verändern sich und Formen spielen keine Rolle. Was von Bedeutung ist, ist der Inhalt. Denkt also daran – vor allem in Amerika, wo die Verpackung wichtiger ist als der Inhalt. Wen kümmert schon der Inhalt? Die Verpackung muss attraktiv sein.

Denkt daran, ihr seid nicht die Verpackung. Ihr seid der Inhalt. Die Formen verändern sich, dein Wesen bleibt dasselbe. Und es wächst weiter, reift weiter, wird immer reicher und reicher.

Denkt daran, ihr seid nicht die Verpackung. Ihr seid der Inhalt. Die Formen verändern sich, dein Wesen bleibt dasselbe. Und es wächst weiter, reift weiter, wird immer reicher und reicher.

Du hast gefragt: »Was ist die Beziehung zwischen Bewusstheit und Reife?«

Bewusstheit ist die Methode, Reife das Ergebnis. Werde bewusster, und du wirst mehr Reife erlangen; daher lehre ich euch Bewusstheit und spreche nicht über Reife. Sie geschieht von allein, wenn ihr bewusst seid.

Bewusstheit ist die Methode, Reife das Ergebnis. Werde bewusster, und du wirst mehr Reife erlangen; daher lehre ich euch Bewusstheit und spreche nicht über Reife. Sie geschieht von allein, wenn ihr bewusst seid.

Es gibt drei Stufen der Bewusstheit.

Zuerst werde dir deines Körpers bewusst – beim Gehen, Holzhacken, Wasserholen. Sei aufmerksam, wach, bewusst. Mach die Dinge nicht wie ein Zombie, wie ein Schlafwandler.

Wenn du dir deines Körpers und seiner Handlungen bewusst bist, gehe tiefer – zu deinem Verstand und seinen Aktivitäten, seinen Gedanken, seinen Vorstellungen, seinen Projektionen. Wenn du dir deines Verstandes tief bewusst wirst, wirst du überrascht sein.

Wenn du dir deiner körperlichen Prozesse bewusst wirst, wirst du auch darüber überrascht sein. Ich kann meine Hand mechanisch bewegen oder ich kann sie mit Bewusstheit bewegen. Wenn ich sie mit Bewusstheit bewege, geschieht es voll Anmut, geschieht es voll Schönheit.

Ich kann ohne Bewusstheit sprechen. Es gibt professionelle Redner, Rhetoriker … ich verstehe nichts von Rhetorik; ich habe die Kunst des Redens nie gelernt, denn auf mich wirkt sie idiotisch. Wenn ich etwas zu sagen habe, genügt das. Doch ich spreche zu euch mit Bewusstheit, jedes Wort, jede Pause ... ich bin kein Redner, kein Rhetoriker.

Doch wenn du dir beim Sprechen des Sprechens bewusst bist, wird es zu einer Kunst. Es bekommt einen Hauch von Poesie und Musik. Das geschieht einfach, wenn du mit Bewusstheit sprichst. Dann hat jede Geste, jedes Wort seine eigene Schönheit. Alles bekommt Anmut.

Wenn du dir deines Verstandes bewusst wirst, steht dir eine noch größere Überraschung bevor. Je bewusster du wirst, desto weniger Gedanken bewegen sich in dir. Wenn du zu hundert Prozent von Gedanken erfüllt bist, ist keine Bewusstheit vorhanden. Wenn du zu einem Prozent bewusst wirst, sind nur noch neunundneunzig Prozent Gedanken vorhanden, genau in dieser Relation. Wenn du zu neunundneunzig Prozent bewusst bist, sind nur noch ein Prozent Gedanken vorhanden, denn es handelt sich um dieselbe Energie.

Wenn du bewusster wirst, ist keine Energie mehr vorhanden für Gedanken; sie verschwinden. Wenn du zu hundert Prozent bewusst bist, wird der Verstand vollkommen still. Dann ist es an der Zeit, noch tiefer zu gehen.

Der dritte Schritt ist, sich der Gefühle, Stimmungen, Emotionen bewusst zu werden. Mit anderen Worten: zuerst der Körper und seine Handlungen, zweitens der Verstand und seine Aktivitäten und drittens das Herz und seine Funktionen.

Wenn du zum Herzen übergehst und deine Bewusstheit dorthin trägst, wirst du wieder eine Überraschung erleben. Alles, was gut ist, nimmt zu, und alles, was schlecht ist, beginnt zu verschwinden. Liebe nimmt zu, Hass verschwindet. Mitgefühl nimmt zu, Ärger verschwindet. Teilen nimmt zu, Gier verschwindet.

Wenn deine Bewusstheit des Herzens vollkommen ist, geschieht die letzte und größte Überraschung: Du musst keinen weiteren Schritt mehr machen. Ganz von allein geschieht nun ein Quantensprung. Vom Herzen aus findest du dich plötzlich in deinem Wesen wieder, im innersten Zentrum.

Dort kannst du nur noch Bewusstheit wahrnehmen, dort bist du dir nur noch des Bewusstseins bewusst. Es gibt nichts anderes mehr wahrzunehmen, es gibt nichts anderes mehr, dessen du dir bewusst sein könntest. Das ist die letztendliche Einheit. Das ist es, was ich Erleuchtung nenne.

Und das ist dein Geburtsrecht! Wenn du es verfehlst, bist nur du dafür verantwortlich. Du kannst die Verantwortung dafür auf niemand anderen abschieben.

Und es ist so einfach und natürlich, dass du einfach nur damit anfangen musst. Nur der erste Schritt ist schwierig. Die Reise selbst ist einfach. Es gibt einen Spruch, der besagt, der erste Schritt ist fast schon die ganze Reise.

Über den Autor

Osho ist ein zeitgenössischer Mystiker, dessen Leben und Lehren Millionen von Menschen aller Altersgruppen und Lebensbereiche beeinflusst haben. Die Londoner *Sunday Times* zählte Osho zu den »1000 Gestaltern des 20. Jahrhunderts« und die indische Zeitung *Sunday Mid-Day* reihte ihn ein unter die zehn Menschen, die das Schicksal Indiens in neue Bahnen gelenkt haben – zusammen mit Gandhi, Nehru und Buddha.

Osho hat einmal über sich und sein Wirken gesagt, dass er dazu beitrage, die Voraussetzungen für die Geburt eines neuen Menschen zu schaffen. Er hat ihn oft als »Zorba the Buddha« charakterisiert – ein Mensch, der die irdischen Freuden eines Alexis Sorbas ebenso wie die heitere Stille eines Gautama Buddha genießen kann. Durch alle Aspekte von Oshos Werk zieht sich wie ein roter Faden eine Vision, die die zeitlose Weisheit des Ostens und das höchste Potenzial westlicher Wissenschaft und Technologie vereint.

Bekannt ist Osho auch für seinen revolutionären Beitrag zur Wissenschaft der inneren Transformation. Seine Sicht von Meditation bezieht das beschleunigte Tempo unseres modernen Lebens mit ein. Daher sind seine einzigartigen »Aktiven Meditationen« so gestaltet, dass zuerst der im Körper und im Geist angesammelte Stress freigesetzt wird, was es viel leichter macht, einen gedankenfreien und entspannten Zustand von Meditation zu erfahren.

Die Webseite www.osho.com bietet in mehreren Sprachen einen detaillierten Überblick über Oshos Werk und seine Meditationen.

Von Osho sind zwei autobiografische Werke erhältlich:

Autobiografie eines spirituellen Provokateurs. Econ, München 2001
Goldene Augenblicke. Osho Verlag, Köln 1995

Osho Meditation Resort

Um Menschen die unmittelbare Erfahrung einer neuen Lebensweise zu vermitteln, die mehr Achtsamkeit, Entspannung und Freude zum Ziel hat, wurde ein Meditation Resort ins Leben gerufen. Es liegt in Pune, Indien, etwa einhundertfünfzig Kilometer südöstlich von Bombay. Pune, einst Zufluchtsort vor der Sommerhitze, ist heute eine aufstrebende moderne Großstadt, die mehrere Universitäten und diverse High-Tech-Industrien beherbergt.

Das Resort umfasst rund fünfzehn Hektar Land im üppig grünen Wohnviertel Koregaon Park und bietet zeitgenössische und traditionelle Meditationsprogramme für Tausende von Besuchern aus über hundert Ländern an. Unterkunftsmöglichkeiten gibt es in zahlreichen nahe gelegenen Hotels und Privatwohnungen sowie in einem neu erstellten luxuriösen Gästehaus im Resort selbst.

Alle Meditationsprogramme wurden speziell für Menschen von heute konzipiert. Die verwendeten Methoden sind eine Hilfe zur Selbsttransformation und tragen dazu bei, eine Qualität von Entspannung, Bewusstheit und Stille ins eigene Leben zu bringen.

Das Meditationsprogramm beginnt jeden Tag um sechs Uhr früh und endet um zehn Uhr abends. Es zieht sich durch das ganze Jahr, ebenso wie das umfangreiche Angebot an Einzelsitzungen, Gruppenworkshops und Kursen, die größtenteils in modernen, klimatisierten Räumlichkeiten stattfinden. Das »Club Med«-Programm – »Med« für Meditation – bietet die Möglichkeit, auf einem liebevoll gestalteten Gelände auf »Zen«-Weise mit verschiedenen Sportarten zu experimentieren und Erholung zu finden.

Im Resort wird in Cafés und Restaurants im Freien traditionelle indische Küche sowie eine Vielfalt internationaler Gerichte mit biologisch angebautem Gemüse von der eigenen Farm serviert. Das Resort verfügt zudem über eine betriebseigene Filtrieranlage für sicheres, sauberes Trinkwasser.

Informationen über Anreise und Programme bei:

www.osho.com/resort
17, Koregaon Park
Pune 411 011 (MS) India

Oder besuchen Sie die Webseite www.osho.com

Diese Webseite bietet in verschiedenen Sprachen eine Führung durch das Gelände, Informationen über Bücher und CDs, die Adressen von Osho-Informationszentren weltweit sowie Auszüge aus Oshos Vorträgen.

Für weitere Informationen:

Osho International
New York
www.osho.com/oshointernational

HEYNE

Die sanfte Macht des Tao

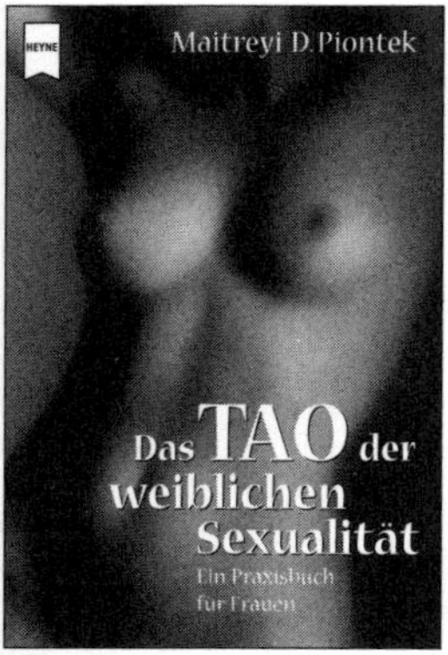

13/9885

Maitreyi D. Piontek
Das Tao der weiblichen Sexualität
Ein Praxisbuch für Frauen
13/9885

Maitreyi D. Piontek
Das Tao der Frau
Energiearbeit, Selbstheilung, Sexualität
13/9818

Safi Nidiaye
Das Tao des Herzens
Wie Sie Ihre Gefühle befreien
13/9899

Stephen T. Chang
Das Tao der Sexualität
Von der Weisheit des Liebens
13/9859

Stephen T. Chang
Das Tao der Schönheit
Gesund und schlank auf sanfte Weise
13/9886

Stephen T. Chang
Das Tao der ganzheitlichen Selbstheilung
13/9869

HEYNE-TASCHENBÜCHER